essentials

Essentials liefern aktuelles Wissen in konzentrierter Form. Die Essenz dessen, worauf es als „State-of-the-Art" in der gegenwärtigen Fachdiskussion oder in der Praxis ankommt. Essentials informieren schnell, unkompliziert und verständlich

- als Einführung in ein aktuelles Thema aus Ihrem Fachgebiet
- als Einstieg in ein für Sie noch unbekanntes Themenfeld
- als Einblick, um zum Thema mitreden zu können

Die Bücher in elektronischer und gedruckter Form bringen das Expertenwissen von Springer-Fachautoren kompakt zur Darstellung. Sie sind besonders für die Nutzung als eBook auf Tablet-PCs, eBook-Readern und Smartphones geeignet.

Essentials: Wissensbausteine aus den Wirtschafts, Sozial- und Geisteswissenschaften, aus Technik und Naturwissenschaften sowie aus Medizin, Psychologie und Gesundheitsberufen. Von renommierten Autoren aller Springer-Verlagsmarken.

Arnd Zschiesche · Oliver Errichiello

Markensoziologie kompakt – Basics für die Praxis

Eine Kurzanleitung für die erfolgreiche Markenführung

Dr. Arnd Zschiesche
Büro für Markenentwicklung
Hamburg
Deutschland

Dr. Oliver Errichiello
Büro für Markenentwicklung
Hamburg
Deutschland

ISSN 2197-6708   ISSN 2197-6716 (electronic)
essentials
ISBN 978-3-658-10246-3   ISBN 978-3-658-10247-0 (eBook)
DOI 10.1007/978-3-658-10247-0

Die Deutsche Nationalbibliothek verzeichnet diese Publikation in der Deutschen Nationalbibliografie; detaillierte bibliografische Daten sind im Internet über http://dnb.d-nb.de abrufbar.

Springer Gabler
© Springer Fachmedien Wiesbaden 2015
Das Werk einschließlich aller seiner Teile ist urheberrechtlich geschützt. Jede Verwertung, die nicht ausdrücklich vom Urheberrechtsgesetz zugelassen ist, bedarf der vorherigen Zustimmung des Verlags. Das gilt insbesondere für Vervielfältigungen, Bearbeitungen, Übersetzungen, Mikroverfilmungen und die Einspeicherung und Verarbeitung in elektronischen Systemen.
Die Wiedergabe von Gebrauchsnamen, Handelsnamen, Warenbezeichnungen usw. in diesem Werk berechtigt auch ohne besondere Kennzeichnung nicht zu der Annahme, dass solche Namen im Sinne der Warenzeichen- und Markenschutz-Gesetzgebung als frei zu betrachten wären und daher von jedermann benutzt werden dürften.
Der Verlag, die Autoren und die Herausgeber gehen davon aus, dass die Angaben und Informationen in diesem Werk zum Zeitpunkt der Veröffentlichung vollständig und korrekt sind. Weder der Verlag noch die Autoren oder die Herausgeber übernehmen, ausdrücklich oder implizit, Gewähr für den Inhalt des Werkes, etwaige Fehler oder Äußerungen.

Gedruckt auf säurefreiem und chlorfrei gebleichtem Papier

Springer Fachmedien Wiesbaden ist Teil der Fachverlagsgruppe Springer Science+Business Media
(www.springer.com)

Was Sie in diesem Essential finden können

- Warum jede Marke primär ein soziales Phänomen ist, das betriebswirtschaftliche Auswirkungen hat – niemals umgekehrt
- Grundsätzliches, wie Sie eine Marke auf wissenschaftlicher Basis lenken – und vor Fremdzugriff schützen
- Sie erfahren, warum jede Marke „nur" ein Positives Vorurteil ist und welche Konsequenzen dies für die strategische Markenführung hat.
- Sie erfahren, warum Marke immer einmalig ist – und wie man dies gezielt instrumentiert – im Tagesgeschäft wie auch für die Gesamtstrategie
- Sie lernen das Ursache-Wirkungs-Prinzip hinter jeder Marke kennen

Inhaltsverzeichnis

Einleitung 1

Die Markensoziologie bezieht ihre wissenschaftliche Grundlage aus dem Wissen über die gleichbleibenden Verhaltensmuster der einzelnen Menschen, aber vor allem des menschlichen Miteinanders. Es geht um soziale Gesetzmäßigkeiten, die im Zeitalter sozialer Medien und Netzwerke genauso Bestand haben wie bereits vor Hunderten von Jahren. Denn der Mensch und seine individuellen wie sozialen Bedürfnisse haben sich strukturell nicht wesentlich verändert. Analog dazu zeigen die Erfolgsmuster starker Marken eine unglaubliche Fähigkeit, grenz- und kulturüberschreitend soziale Anziehungskräfte zu entwickeln. Im Falle prominenter Marken wie Apple gelingt es ihnen, Kunden zu „Jüngern" zu machen, die keine Kosten und Mühen scheuen, um *ihren* Apple-Produkten nah zu sein. Rein analytisch betrachtet, gibt es bei erfolgreichen Marken starke Übereinstimmungen innerhalb ihrer Erfolgsstrukturen – unabhängig davon, ob hippe elektronische Geräte, eine Dienstleistung oder Margarine verkauft wird. Um diese Strukturen und deren Offenlegung soll es gehen. Denn der von Alexander Deichsel entwickelte soziologische Zugriff ermöglicht eine Perspektive, die eines deutlich macht: Eine Marke ist genauso lenk- oder neudeutsch „managebar" wie der Vertrieb, das Controlling oder die Produktentwicklung. Ein Blick in die Realität der Markenführung verdeutlicht hingegen, dass dieses Faktum von vielen Verantwortlichen nicht realisiert wird: Marke wird oft als attraktives Faszinosum betrachtet, das wahlweise etwas mit Bekanntheit, Symbolik, Werbung, Mythos, Psychologie oder Emotion zu tun hat. Um es an dieser Stelle bereits vorweg zu nehmen: Diese Einordnung ist falsch und wird dem wirtschaftlich entscheidenden Sachverhalt Marke nicht gerecht.

Das Problem, an dem die Markenführung nicht erst im 21. Jahrhundert krankt, ist die Tatsache, dass sowohl auf Unternehmensseite als auch auf Seite der oftmals zu Rate gezogenen Markenberater und Kommunikationsexperten wenig Wissen über die Wirkweise sozialer Lebewesen existiert – und nichts anderes sind Marken.

© Springer Fachmedien Wiesbaden 2015
A. Zschiesche, O. Errichiello, *Markensoziologie kompakt – Basics für die Praxis*,
essentials, DOI 10.1007/978-3-658-10247-0_1

In der Folge werden jedes Jahr Unsummen in Kommunikationsmaßnahmen investiert, die in keiner Weise geeignet sind, die beworbene Markenleistung zu stärken.

> ▶ Ob Globalkonzern, mittelständischer Malerbetrieb oder kleines Restaurant: Marken sind immer soziale Phänomene, die betriebswirtschaftliche Auswirkungen haben – niemals umgekehrt.

Schwer nachvollziehbar: Während bei einer bevorstehenden Herzoperation wie selbstverständlich medizinische Experten bzw. Kapazitäten auf dem Gebiet recherchiert und eventuell vorab mehrere Fachleute um Rat gebeten werden, wird das Thema Marke als wirtschaftliches „Herz" des Unternehmens hingegen oftmals vollkommen ungeprüft in die Hände von externen Marken-Experten (ungeschützter Begriff) oder Werbe-Experten (ungeschützter Begriff) gegeben. Zum zweiten Fall bleibt festzuhalten, dass Markenführung nicht zwangsläufig etwas mit Werbung zu tun haben muss. In den Marketingabteilungen und Chefetagen behilft man sich bei dem Thema wahlweise mit umfassender Marktforschung, um das Phänomen handhabbarer zu machen, oder es passiert das exakte Gegenteil: Eine Mixtur aus Bauchgefühl und Küchenpsychologie kommt zum Einsatz. Diese gut gemeinten Herangehensweisen und engagierten Ansätze eint die Tatsache, dass sie alle nur die Oberfläche des sozialen Sachverhalts Marke beschreiben. Um Marke jedoch zu konkretisieren, muss als erstes der individuelle Sozialkörper analysiert werden, um seine spezifische Erfolgsstruktur zu verstehen. Die Markensoziologie ersetzt Bauchgefühl, Spontanentscheidungen und Unwissen durch den gezielten Einsatz soziologischer Erkenntnisse und Instrumente – und stellt auf diese Weise die Wertschöpfungskraft der Marke dauerhaft sicher.

> ▶ Die Marke wird als ein Ursache-Wirkungsprinzip sicht- und erklärbar – aber vor allem lenkbar.

Es gibt zweifelsohne Marken, die starke Emotionen innerhalb ihrer Kundschaft und darüber hinaus auslösen, entscheidend ist für den soziologisch geschulten Experten allein, was genau die Ursachen für diese Emotionen sind. Denn Marken-Emotionen kommen nie aus dem luftleeren Raum, wie manche Werbekampagne uns anhand von lächelnden, dynamischen Menschen, possierlichen Tierchen und Sonnenuntergängen an tropischen Stränden weismachen möchte. Ergo: Auch die globale Faszination eines Ferraris oder Porsches entsteht wahlweise in einer Werkshalle in Maranello oder Zuffenhausen. Wer Marken lenken will, muss sich mit den Ursachen ihres Erfolgs beschäftigen – und diese Ursachen liegen in konkreten Leistungen begründet. Dies ist eine anstrengendere Recherche- und Umsetzungsaufgabe, als kurz am Meeting-Tisch eine „emotionale Aufladung" der Marke zu beschließen und anschließend eine zeitgeistige Kampagne zu starten, die in den meisten Fällen keinerlei Rückschluss auf die Unternehmensleistung zulässt – aber dem Team zwei Wochen Vollpension zum Dreh des Spots in Südafrika beschert.

Manche Marken sind ohne Zweifel zum Mythos geworden. Da Mythen aber nicht als seriöse Arbeitsgrundlage taugen, stellt dieses Buch die Grundlagen zu einem sachlichen wie sachgerechten Umgang mit dem Thema zur Verfügung. Das ist heute wie morgen entscheidend, denn Marken sind kulturelle wie wirtschaftliche Leistungskörper, manche von ihnen genießen in der ganzen Welt Vertrauen, sie versprechen grenzübergreifend Verlässlichkeit und geben Orientierung – und ohne diese in sie hinein projizierte Verlässlichkeit, dieses Vor-Vertrauen wäre ein zukunftsorientiertes Handeln auf lokaler wie globaler Ebene nicht möglich. Hinter jedem Leistungskörper Marke steckt ein komplexer sozialer Vorgang, bei dem im Endergebnis immer die Gewinnung von öffentlichem Vertrauen stehen muss: zum Wohle der Ertragskraft. Denn eine Marke ist niemals Selbstzweck, sondern maximiert Wertschöpfung und bringt Menschen Lohn und Arbeit. „Nichts ist für eine Volkswirtschaft schädlicher als ein missratener Markenartikel", proklamierte der zweite deutsche Bundeskanzler Ludwig Erhard.

Daher ist es entscheidend, diese universellen Prinzipien zu verstehen und sie für die eigene Unternehmung anzuwenden – ob es um die Führung einer existierenden Marke geht oder um den Aufbau einer neuen Leistung zur Marke. Sie erhalten im Folgenden Hinweise und Handlungsoptionen, die sie sowohl für die Langzeitstrategie als auch für das Tagesgeschäft einsetzen können. Wichtig: Das hier vorgestellte Verständnis von Marke ist nur wirksam, wenn es um den langfristigen, d. h. seriösen Aufbau einer Marke geht. Für kurzfristige Absatzerhöhung und auf marktschreierische grelle Effektkäufe abzielende Unternehmungen ist der Ansatz nicht geeignet. Es geht um den Aufbau von Vertrauen und das Gewinnen einer Kundschaft, die dem Unternehmer Ertragssicherheit und damit Zukunft garantiert. Grundlage dafür ist die Verbindung eines festen sozialen Bündnisses mit einem Leistungskörper, denn ohne Stammkundschaft überlebt weder der Globalkonzern noch die Eckkneipe.

Grundlagen der Markensoziologie 2

Die Markensoziologie bezieht ihr wissenschaftliches Fundament maßgeblich aus der Lehre von Ferdinand Tönnies, dem Gründervater der Soziologie in Deutschland. Tönnies beschreibt das Soziale in seinem grundlegenden Werk *Gemeinschaft und Gesellschaft* von 1887 folgendermaßen: *„Auf die Verhältnisse gegenseitiger Bejahung wird diese Theorie als auf die Gegenstände ihrer Untersuchung ausschließlich gerichtet sein.“*[1] Das Soziale entsteht nach Tönnies, sobald sich Menschen helfend und fördernd, also *bejahend* in Beziehung setzen. Demnach ist die „Tatsache des Wollens" das entscheidende Kriterium, wenn es darum geht festzustellen, ob es sich um ein soziologisches Phänomen handelt: Das Soziale muss gewollt sein. Für die Marke bedeutet dies, dass ihre Existenz in dem Moment beginnt, wenn Menschen gemeinsam etwas Wollen und dies durch ihren Kauf umsetzen: ein geteilter sozialer Wille in Bezug auf ein konkretes Angebot.

2.1 Ob bewusst oder unbewusst: Marke ist sozialer Wille

Der Sozialanthropologe Arnold Gehlen erkennt im Willen die Fähigkeit des Menschen, ein eigenes Leben zu *führen*. Der Mensch kann es frei gestalten und Entscheidungen fällen, sein Verhalten wird nicht ausschließlich von Trieben und Instinkten geleitet. Aus Sicht der Markensoziologie ist dies der entscheidende Unterschied zwischen dem Menschen und allen anderen organischen Lebewesen. Ein Tier kann einzigartige Leistungen vollbringen, aber nicht aus eigenem Willen: Ameisen können unglaubliche Bauten erschaffen, doch es geschieht aus einem Instinkt heraus, denn der Bauvorgang verläuft auf immer gleiche Weise. Die entstehende Gestalt ist nicht der Fantasie des Tieres entsprungen, sondern einem Einfall

---

[1] Tönnies 1991, S. 3.

© Springer Fachmedien Wiesbaden 2015
A. Zschiesche, O. Errichiello, *Markensoziologie kompakt – Basics für die Praxis,*
essentials, DOI 10.1007/978-3-658-10247-0_2

der Natur. Mensch und Tier bilden in dem Sinne zwar beide Gestalt(en), doch das Tier folgt einem in ihm festgelegten Ablaufplan, während der Mensch ungerichtet und individuell Dinge kreieren kann. Frei nach seinem Willen, manchmal unbewusst, oft auch sehr bewusst: Ein Individuum möchte die Welt bereisen, ein anderes Bilder malen, während ein drittes Zeit seines Lebens darüber nachdenkt, wie man eine Pferdekutsche dazu bringt, aus eigener Kraft zu fahren. Aber nicht nur in weltbewegenden Ideen und Zielen, auch im Alltag entfaltet jedes Individuum seine persönliche Gabe, seinen Willen zur Gestaltbildung. Dies fängt bei der Auswahl der Bekleidung oder der Einrichtung des Wohnzimmers an und entfaltet sich bis in kleinste Details. Der Mensch ist den gesamten Tag von seinem Willen angetrieben. Dieser Wille ist die Basis für die Existenz sozialer Systeme.

Jede Form sozialer Verbundenheit entsteht durch den Willen einzelner Individuen zu dieser Verbundenheit. Alles soziale Handeln wird davon gelenkt. Verfügt die aus dem vereinigten Willen der Beteiligten entstandene Verbindung über ein attraktives Angebot, entwickelt sie Anziehungskraft für weitere Individuen. Bezogen auf die Marke bedeutet dies, dass die Unternehmensleistung eine Wirkung erzielt, Menschen anzieht bzw. Begehrlichkeit auslöst, die zum stetig erhöhten Abverkauf des Produkts führt: Der Warenwert wird von den Käufern höher eingeschätzt als der von ihnen investierte Geldwert. Wenn eine Erwartungshaltung gegenüber einem Produkt bei mehrmaligem Kauf beständig erfüllt wird, bildet sich ein Energiekreislauf innerhalb des Systems: *„Wenn sich die Wünsche der einen und die Leistungen der anderen Seite entsprechen, bildet sich ein rückkoppelndes System aus positiven Willensbeziehungen. Viele einzelne Willen verbinden sich zu einer Einheit, die alle Beteiligten in die Pflicht nimmt – sozialer Wille ist entstanden.“*[2] Auf diese Weise stabilisiert der Wille nicht nur die Firma selbst, die Marke nimmt alle ihre Anhänger als kritische Kontrollinstanz und kostenlose Multiplikatoren der eigenen Botschaft in die wechselseitige Verantwortung. Die Anhänger geben ihre guten Erfahrungen mit der Markenleistung weiter, besitzen aber ebenso ein Gespür dafür, wenn ein neues Produkt nicht zu *ihrer* Marke passt. So bindet das Unternehmen die Kundschaft als Stabilisator in das System ein. Marke ist sozialer Wille und bündelt diese Willenskraft, denn nur durch die Bejahung der Kundschaft erhält sie ihre Existenzberechtigung.

Bei der Analyse von Marken ist ein immer wiederkehrendes Element, dass der Urkern der Marke dem Einzelwillen eines Gründers entspringt: Eine Person hatte eine Idee, die sie verfolgt bzw. antreibt, diese Idee oder das Problem ließ die Person nicht mehr los, bis eine Lösung gefunden wurde. Ob es die Idee war, Öl mit Wasser zu verbinden (*NIVEA*), Lebensmittel luftdicht zu verschließen (*Tupperware*),

---

[2] Deichsel 2006, S. 13.

Schuhe mit Löchern zwecks Belüftung (*Geox*) oder die eigene Suppenküche – am Anfang steht immer eine Vorstellung und der individuelle Wille, sie in die Tat umzusetzen, oftmals gegen erhebliche Widerstände von außen. Ohne die Kraft des menschlichen Einzelwillens wäre die Vielfalt von Marken auf der Erde nicht zu erklären: Wenn man ein Auto wirklich nur dafür bräuchte, um bequemer von A nach B zu kommen, würden nicht über hundert Automarken weltweit existieren. Um es mit dem eigenen Willen auch zu wirtschaftlichem Erfolg zu bringen, werden allerdings noch viel mehr als nur der Wille und seine leistungsstarke Umsetzung benötigt: Die Idee braucht Käufer, die zu Wiederkäufern und im besten Falle zu Anhängern der Leistung werden.

2.2   Ob Konzern oder Kneipe: Marke ist ein Bündnis

Jede Marke benötigt Menschen, die bereit sind, ihre Leistung zu kaufen, sonst wird eine Marke nicht zur Marke. Auch Edelmarken wie *Chanel*, *Bulthaup* oder *Rolls Royce*, deren Zielgruppe mit Sicherheit nicht die breite Masse ist, können nicht davon existieren, dass sie weltweit nur von zehn Menschen gekauft werden. Eine Binsenweisheit, die an dieser Stelle gesagt werden muss, denn die Tatsache, dass die Soziologie den Anspruch erhebt, Marken zu erklären und zu definieren, liegt in dieser Logik begründet:

▶   Die Soziologie ist die Lehre von den Bündnissen, und eine Marke ist immer ein Bündnis.

Dies verdeutlicht auch, warum einer Marke mit Psychologisierung nicht geholfen werden kann: Eine Marke ist ein übergreifendes soziales Phänomen, das eine hohe Anzahl Menschen dazu bewegt, ein Bündnis mit einer spezifischen Leistung einzugehen. Jeden einzelnen der Kunden nach seinen Kauf-Beweggründen zu befragen, wäre einerseits viel zu aufwändig und teuer, andererseits liegen die psychologischen Beweggründe der einzelnen Käufer allein in der Marke und ihrer Leistung begründet. Diese persönlichen Beweggründe sind vielen Käufern überhaupt nicht bewusst oder sie werden bewusst bis unbewusst verdrängt, und die wenigsten werden z. B. auf Nachfrage zugeben: „Ich habe mir die große goldene Uhr gekauft, weil ich so besser mit meinen Komplexen klarkomme". Egal, ob Pflaster für die verwundete Seele oder den verwundeten Arm: Es ist entscheidend, in die Marke hinein, nicht nach außen zu schauen. Nur dort liegen die handhabbaren Ursachen für die Bündnisbildung mit der Außenwelt.

Der Wille zum Bündnis ist dem Menschen immanent – er ist ein zoon politikon. Die Lebensrealität beweist, dass, wo immer wir uns befinden, wir beständig Ausschau nach Möglichkeiten zum Zusammenschluss mit anderen Menschen halten. Wenn der Wille den einzelnen Menschen antreibt, sucht er im selben Moment bereits instinktiv nach Gleichgesinnten, die seine Vorlieben und seinen Geschmack verstehen und teilen: Anhänger, Förderer oder Verbündete für seine Idee – unabhängig davon, ob es sich um eine Religion, den VW Golf-Fanclub Polen oder eine Interessenvereinigung der Bibliothekare Südtirols handelt. Beim ersten Tag am neuen Arbeitsplatz wird automatisch nach sympathischen Personen Ausschau gehalten, mit denen man sich ein angenehmes Zusammenarbeiten vorstellen könnte. Der Mensch ist dank seiner mentalen Fähigkeiten freier als alle anderen lebenden Organismen, *„freier jedoch nur zu selbstgestalteter Bindung.“*[3] So ist selbst der Eremit, der sich von sämtlichen irdischen bzw. sozialen Bindungen befreien will, noch mit allen anderen Eremiten der Welt durch ein geistiges Band verbunden. Bündnis in diesem Sinne bedeutet eben nicht, dass die Menschen, die miteinander in Verbindung stehen, sich notwendigerweise alle kennen oder treffen. Meist ist dies nicht möglich, so können beispielsweise nie alle Mitglieder der katholischen Kirche an einem Ort zusammenkommen. Ebenso befinden sich die Fans der Harry-Potter-Romane oder alle 2CV-Liebhaber primär in einem geistigen Bündnis.

Wir gehen solche sozialen Bündnisse demnach nicht nur mit anderen Einzelpersonen ein, wir gehen Verbindungen auch mit Menschengruppen ein, ebenso mit geistigen Dingen oder eben mit Gegenständen.

> ▶ Die Marke ist ein solches Angebot, eine Einladung zum Bündnis mit einer Produktleistung – und damit verbunden oftmals auch einer Menschengruppe.

Wer schon einmal einen Umweg gefahren ist, weil das Fleisch nur bei der einen Metzgerei so zart schmeckt oder es die Lieblingsschokolade nur in dem anderen Supermarkt gibt, der hat erfahren, wie oft solche Bündnisse lenkend in den Alltag eingreifen. Wer beobachtet, was manche Menschen auf sich nehmen, um ein Bündnis mit der Marke *Sylt*, *Rolex* oder einem berühmten Hotel einzugehen, während andere vor einem Bekleidungsgeschäft campieren, um am Morgen als erste den neuen Markentempel betreten zu dürfen, der erkennt, welche Anziehungs- bzw. Bündniskräfte soziale Systeme entwickeln können. Viele Menschen verteidigen „ihre“ Marke gegen andere Marken-Meinungen und fühlen sich in ihrer Persön-

---

[3] Brandmeyer und Deichsel 1991, S. 19.

lichkeit angegriffen, wenn deren Kompetenz in Zweifel gezogen wird, denn ihre eigene wird damit gleich mitattackiert.

Unabhängig von der Intention des Bündnisses interessiert sich die Markensoziologie wissenschaftlich wertfrei für das Soziale innerhalb der Verbindung. Welche konkreten Motive besitzt der individuelle bejahende Wille, der Grundlage des Bündnisses ist? Die Entscheidung, einen *Volvo* und keinen *Toyota* zu kaufen, ist Ergebnis vielschichtiger persönlicher Überlegungen, die großenteils im Unterbewusstsein stattfinden. Mit analytischem Blick auf die Markengestalt und deren individuelle Entstehungsgeschichte entschlüsselt der Soziologe ihr Erfolgskonzept und daraus resultierende (unbewusste) Anziehungskräfte. Nur über die Analyse der spezifischen Leistung erschließt sich die symbolische Bedeutung einer Marke innerhalb der Kundschaft. Dieses Material kann im Anschluss gezielt zu ihrer Steuerung und Stärkung eingesetzt werden. Ein markensoziologischer Grundsatz lautet:

▶   Markentreue entsteht immer im Unternehmen.

Nur wenn dort das Verständnis für die Marke dominiert und ihr spezieller Bündnischarakter sensibel gepflegt wird, nur wenn man sich intern selbst treu bleibt, kann die Kundschaft extern Treue entwickeln.

2.3   Ob gewollt oder nicht: Marke ist ein organisches System

Jede Einheit hat das Merkmal, dass sie beharrt, im Wechsel ihrer Teile. Dies ist nur dadurch möglich, dass nicht alle Teile gleichzeitig entstehen und vergehen, sondern dass gleichzeitig einige vergehen, andere entstehen […]. In diesem Sinne können lebende Einheiten zusammenlebender Menschen nicht nur mit Organismen verglichen werden, sondern werden mit Recht als hyper-organische Lebewesen gedacht und verstanden.[4]

Tönnies schreibt dem Gemeinwesen ähnliche Eigenschaften zu wie dem einzelnen organischen Lebewesen. Eine Marke als gedachte Einheit bildet demnach einen lebenden Organismus mit eigener Anatomie und eigenem Willen. Aus vielen Einzelorganismen entsteht ein übergreifender Organismus, ein Hyper-Organismus. Mit Erschaffung eines hyper-organischen Körpers wurden der Wille und die schöpferische Kraft eines Menschen in eine Systemleistung umgesetzt. Wenn die Leistung stark genug ist und kontinuierlich Anhänger rekrutiert, beginnt sie, autark

---

[4] Tönnies 1965, S. 4.

zu existieren und emanzipiert sich vom zeitlich eingegrenzten Willensradius ihres Schöpfers. Der „Besitzer" der Marke ist dann nur noch ihr juristischer Besitzer: Es haben sich in der Kundschaft über die Zeit klare Vorstellungen davon gebildet, wofür diese Marke steht und was passend oder unpassend ist. Wenn die Marke von diesen Vorstellungen abweicht, entstehen massive Irritationen. Der soziale Organismus Kundschaft hat einen eigenen Willen entwickelt und sich von seinem Begründer emanzipiert.

Ein Hyper-Organismus als lebendes System befindet sich ständig in Bewegung: Menschen, ihre Einfälle und Erfindungen etc. zirkulieren wie einzelne Teilchen um den Gestaltkern. Das System ist durch die Vielzahl von Bewegungen gekennzeichnet, einem beständigen Ungleichgewicht. Es lebt in einem beständigen Gestaltungsprozess, der seine Stabilität garantiert, vergleichbar einem Fahrradfahrer, den nur seine eigene Bewegung im Gleichgewicht hält. Das Außergewöhnliche an diesen Systemvorgängen ist somit weniger die unendliche Vielfalt des Auftritts, als vielmehr die Stabilität, welche die Systeme entwickeln können. Die Gestalt lässt Varianzen zu und erfährt hierdurch zusätzliche Stärkung: *„Offensichtlich ist es so, dass es innerhalb eines Systems fern vom Gleichgewicht durch dauerndes Hinzufügen und Abgeben von Energie zu einem dauerhaft geordneten Zustand kommt."*[5]

H&M – Elmex – Lufthansa – EDEKA – Red Bull Obwohl die meisten Leser bei keiner einzigen der fünf aufgeführten Firmen bzw. bei maximal einer davon arbeiten werden, ist fest davon auszugehen, dass nahezu alle Leser eine bestimmte Vorstellung bei jedem der Marken-Begriffe im Kopf haben. Ebenso fest ist davon auszugehen, dass eine hohe Schnittmenge innerhalb dieser einzelnen Marken-Vorstellungen in den Köpfen vorhanden ist. Dies verdeutlicht die enorme Leistung der Marken. Obwohl niemand jemals „Frau Lufthansa" oder „Herrn Red Bull" persönlich getroffen hat und dies auch nicht möglich ist, haben wir alle eine mehr oder weniger feste Vorstellung davon, was **die** *Lufthansa* ist. Für diese Marke arbeiten weit über 100.000 individuelle Menschen über mehrere Kontinente und Kulturen verteilt, es existiert aber dennoch **eine**(!) übergeordnete Vorstellung davon, was diese Marke darstellt. Zeitungen texten Sätze wie *„Die Lufthansa fliegt erneut in die Gewinnzone"* oder *„Die Lufthansa gründet Billig-Airline"* und gehen davon aus, dass ihre Leserschaft diese Zeilen versteht. Die **Einkaufsgemeinschaft Der Kolonialwarenhändler,** kurz *EDEKA* wurde 1898 gegründet, es lebt heute höchstwahrscheinlich weder ein damaliger Kaufmann noch ein einziger seiner Kunden – dennoch hat sich in weit über 100 Jahren ein festes Bild der Marke *EDEKA* entwickelt bzw. verstetigt, obwohl sowohl die Kundschaft als auch die Belegschaft

---

[5] Otte 1993, S. 56.

mehrfach komplett ausgetauscht wurden. Dies verdeutlicht, dass jede Marke ein lebender sozialer Organismus ist, der, obwohl oftmals aus vielen Menschen gebildet, nach außen ein einheitliches Bild abgibt – je stärker die Einheitlichkeit, d. h. die soziale Dichte des Bildes, umso stärker die Marke dahinter (siehe Kap. 4, „Selbstähnlichkeit als Basis").

Grundlagen von Markenführung und Markenaufbau 3

3.1 Jede Marke ist einmalig

> Jeder ist immer nur ein Individuum und kann sich auch eigentlich nur für das Individuelle interessieren. Das Allgemeine findet sich von selbst, drängt sich auf, erhält sich und vermehrt sich. Wir benutzen es, aber wir lieben es nicht.
> Goethe, Biographische Einzelheiten

Der Mensch kann seit jeher nur das Besondere, das Einmalige schätzen und manchmal auch lieben, erkannte bereits Goethe (und der wusste bekanntlich alles): Marke muss ein gewisses Maß an Individualität ausstrahlen, will sie Menschen dauerhaft an sich binden. Eine starke Marke unterbreitet Menschen daher ein individuelles Angebot. Auch wenn es Tausende Anbieter von Wasser gibt, so ist *Evian* nicht *Vittel* und erst recht nicht *Apollinaris*. Jede dieser Marken verfügt – nicht nur im übertragenen Sinne – über ihre ureigene Quelle: Ob das gute Nass 15 Jahre durch Alpengestein fließt, auf einem Weinberg bei Bad Neuenahr oder in der Vulkaneifel seinen Ursprung hat – jedes Wasser ist einmalig. Für die Markensoziologie, die sich mit der sozialen Bindungskraft von Marken auseinandersetzt, ist daher essenziell, dass sich der erste strategische Blick nach innen wendet. Die erste analytisch und für das Markenverständnis relevante Frage lautet: Warum genau entscheiden sich Menschen für unser Angebot? Das Antwortspektrum ist naturgemäß grenzenlos: der günstige Preis, der hohe Preis, das Prestige, das Nicht-Prestige, ein Produktvorteil, die Herkunft, das Design, ein besonderer Service, die regionale Nähe usw. In jedem Fall handelt es sich bei den Gründen stets um konkrete Eigenschaften, die ihren Ursprung sämtlich im Unternehmen haben. Exakt diese Gründe müssen erarbeitet und dokumentiert werden – auch wenn sie den Verantwortlichen im Unternehmen oftmals als so selbstverständlich gelten, dass ihnen gar nicht (mehr) bewusst ist, welche „Leistungs-Schätze" sie besitzen.

© Springer Fachmedien Wiesbaden 2015
A. Zschiesche, O. Errichiello, *Markensoziologie kompakt – Basics für die Praxis,*
essentials, DOI 10.1007/978-3-658-10247-0_3

Die Einmaligkeit der Marke liegt allein im Unternehmen und seinen Leistungen begründet, daher setzt einmalige Markenführung genau dort an und fokussiert den Blick nach innen: Nur dort liegen Ursachen, nur dort sind die neudeutsch „hard facts" zu finden. Es geht bei seriöser d. h. soziologischer Markenarbeit immer darum, konkrete Eigenschaften (be-)greifbar zu machen und nicht darum, mit Schlagworten und abstrakten Images zu hantieren. Dieses Vorgehen ist deutlich anspruchsvoller, als 24 Stunden täglich den Wettbewerb zu observieren oder sich *„Unsere Marke als Tier"* vorzustellen – deswegen wird es so selten unternommen. Wer eine Marke wertschöpfungsstärkend führen möchte, muss sämtliche Eigenschaften, Stärken und Grenzen der Marke kennen. Folgende Leitfragen sind maßgeblich um zu den Ursachen des unternehmerischen Erfolges vorzudringen – und daher als Einstieg zu empfehlen.

Leitfragen

- Welche Leistungen sind ursächlich für den Erfolg des Unternehmens?
- Welche Leistungen und Handlungen wiederholen sich innerhalb der Geschichte des Unternehmens bis heute? Sind diese über die Zeit verändert/angepasst bzw. modernisiert worden?
- Welche Leistungen sind einmalig (z. B. Patente, Services, Auszeichnungen)?
- Welche Leistungen besitzen/besaßen besonders hohe Resonanz in der Kundschaft?
- Welche Leistungen/Produkte generieren den höchsten Anteil am Gewinn (historisch/aktuell)?
- Last but not least: Welche Leistungen/Produkte konnten sich nicht durchsetzen?

(Die Antwort gibt Hinweise auf Stärken und Schwächen bzw. Grenzen der Marke)

Es beginnt die Arbeit mit Realien, nicht mit Schlagworten und Meeting-Anglizismen, die dementsprechend auf der „Image-Ebene" haften bleiben. Firmen dürfen sich niemals von Images lenken lassen, eben weil es sich dabei um abstrakte Bilder und gefühlte Wahrnehmungen handelt – von außen(!).

> ▶   Ob Pampers, P1 oder Playmobil, ob Dienstleistung oder Produktleistung: Nur Ursachen lassen sich managen.

Weitere Ausführungen dazu in Kap. 5: „Markenmanagement ist Ursachenmanagement".

3.2 Jede Marke ist ein positives Vorurteil

Vorurteile sind schlimm. Nur dumme Menschen haben Vorurteile. Anders gesagt: Das Vorurteil hat ein echtes Markenproblem. Viele Menschen verachten es, manche unternehmen allerlei Anstrengungen, um sich davon frei zu machen – oder zumindest so zu tun als ob. All das kommt nicht von ungefähr. Das Vorurteil hat in der Geschichte regelmäßig für ungeheure Unmenschlichkeiten gesorgt und macht dies bis heute mit grausamer Regelmäßigkeit. Diese soziale Tatsache darf aber nicht den Blick darauf verstellen, dass Vorurteile nicht per se negative Vorurteile sind. Die Folgen negativer Vorurteile sind nur deutlich augenfälliger als die Folgen positiver Vorurteile. In der Forschung wird es dementsprechend primär in seinen negativen Folgen untersucht (hierzu z. B.: Allport, Gordon W.: „Die Natur des Vorurteils". Köln, 1971). Für die wissenschaftliche Markenführung ist das positive Vorurteil maßgeblich.

„Das negative Vorurteil ist mit dem positiven eins. Sie sind zwei Seiten einer Sache",[1] schreibt der Sozialphilosoph Max Horkheimer und charakterisiert damit einen bedeutsamen Sachverhalt: Jedes positive Vorurteil hat ein negatives zur Folge und umgekehrt. Wissenschaftlich betrachtet ist das Vorurteil zunächst „nur" eine Vereinfachung, um z. B. die Vielfalt individueller Handlungen einer Gruppe – oder eines Unternehmens – zu bündeln. Selbst noch so aufklärerische Initiativen können die Energie eines starken Vorurteils langfristig kaum ins Wanken bringen. Dies liegt darin begründet, dass Vorurteile meist Ergebnis kulturell gewachsener Interpretationsmuster sind. Und genau in dieser Persistenz liegt für Marken der alles entscheidende wirtschaftliche Vorteil. Denn:

▶   Marken sind nur positive Vorurteile in den Köpfen der Menschen.

Wird das Vorurteil wertfrei betrachtet, erweist es sich als überlebensnotwendige Hilfestellung im Alltag. Der tägliche Ansturm von Eindrücken und Angeboten – speziell in der westlichen Welt – und die damit einhergehende Notwendigkeit, Entscheidungen zu treffen, ist nur mit Hilfe von Vorurteilen möglich. Ein Supermarkteinkauf im 21. Jahrhundert ohne Vor-Wissen und Vor-Vertrauen in Marken und deren Leistungen? Der große Supermarkt führte im Jahr 2013/2014 insgesamt 25.030 Artikel (Food und Nonfood/Quelle: EHI/handelsdaten.de/http://www.handelsdaten.de/deutschsprachiger-einzelhandel/durchschnittliche-anzahl-der-artikel-food-und-nonfood-im/Zugriff: 15.03.2015). Allein im Gang mit den Konfitüren würde die Zeitspanne bis zur Entscheidungsfindung über das Haltbarkeitsdatum

---

[1] *Horkheimer, Max: Über das Vorurteil. Köln/Opladen, 1963, S. 8*

der meisten Gläschen hinausgehen. Ein Autokauf, ohne das Vor-Wissen, dass ein *Rolls Royce* das eigene Budget übersteigt (wahrscheinlich). und *Ferrari* keine Familienvans anbietet? Bis sie alle Automarken bzw. deren Vor- und Nachteile recherchiert hätten, ist das emissionsfreie Fahren wahrscheinlich schon Vergangenheit. In diesem Verständnis sind Vorurteile Grundvoraussetzung, um überhaupt einen Überblick in der überbordenden Alltagskomplexität zu behalten, unabhängig davon, ob wackelige *Ikea*-Schränke, oberflächliche Amerikaner oder der nächste Griechenlandurlaub Gesprächsthema sind.

Für die Markensoziologie ist entscheidend, dass Vorurteile über enorme soziale Energien verfügen, Widerstands- sowie Bindungskräfte besitzen und sich als resistent gegenüber sachlichen Argumenten erweisen: *„Ein Vorurteil ist schwerer zu spalten als ein Atom"*[2] sagte einer, der es wissen muss – Albert Einstein. Diese energetischen Eigenschaften des Vorurteils sind für Marken entscheidend, sie sind Instrumente, um wirtschaftliche Gestaltsysteme erfolgreich zu führen, und helfen, spezifische Unternehmensleistungen im Kollektivgedächtnis zu verankern. Eine Marke erzeugt im Denken der Kundschaft ein positives Vorurteil: Dies hat erstens den Vorteil kollektiv zu sein, zweitens besitzt ein starkes Vorurteil die soziale Kraft, die Kritikfähigkeit des Individuums zu reduzieren. Und drittens werden positive Erfahrungen und Erlebnisse mit einer Marke kostenlos von der Kundschaft weitergetragen. Das positive Vorurteil über die Unternehmensleistung ist somit Ziel jedes Markenaufbaus, der auf Langfristigkeit angelegt ist. *Audi, BMW, Mercedes* oder *Lexus*, wer verfügt über das stärkste Vorurteil im Markt? In diesem Verständnis gilt der folgende Grundsatz:

▶   Wirtschaft ist der Kampf um das stärkste positive Vorurteil über eine Unternehmensleistung.

Ob B-to-B oder B-to-C: Über jede Unternehmung bilden sich im Laufe der Zeit Voraus-Urteile. Ein erfolgreiches Markensystem lebt nicht von Bekanntheit, Imagewerten oder Werbung, sondern allein davon, dass Menschen wiederholt die Leistung kaufen und sich anschließend positiv über diese Leistung mit anderen austauschen, sie weiterempfehlen.

Auch der teuerste TV-Spot vor den 20-Uhr-Nachrichten kommt nicht gegen die Kraft eines positiven Marken-Vorurteils an, er kann es höchstens unterfüttern. Marke beginnt ab dem Moment zu wirken, an dem eine bestimmte Personengruppe zu Wiederkäufern wird, weil diese Menschen ein positives Vor-Urteil über eine spezifische Leistung besitzen. Sie geben dem Unternehmen ihr teuer verdientes

---

[2] Zitiert aus: Ustinov, Peter: Achtung! Vorurteile. Hamburg, 2003, S. 11

Geld (im Voraus!), weil sie Vor-Vertrauen in eine Leistung entwickelt haben. Dieser „einfache" soziale Vorgang ist maßgeblich für die Markenbildung: Eine konstant gute Markenleistung sorgt dafür, dass sich ein positives Vorurteil bildet. Nur deswegen kann z. B. eine Marke wie Studiosus Reisen für eine 14-tägige Südafrikareise, die zwei Konkurrenten nahezu identisch anbieten, einen deutlich höheren Preis verlangen – sie besitzt das stärkere positive Vorurteil in diesem Kompetenzfeld (Kulturtourismus).

Es ist wichtig, sich gerade auch als verantwortlicher Unternehmer immer wieder zu verdeutlichen, dass Marke „nur" ein positives Vorurteil in den Köpfen der Menschen ist: Auch die bekanntesten Globalmarken, die oft bereits über hundert Jahre existieren und über Werbebudgets verfügen, von denen die allermeisten Firmen nicht einmal zu träumen wagen, schaffen es, maximal drei positive Vorurteile zu verankern. Und dies ist bereits eine grandiose Leistung, die Ergebnis jahrzehntelanger Arbeit und Erfahrung ist. Das bedeutet auch, dass kein Unternehmen versuchen sollte, einen Fächer unterschiedlicher Leistungen unter (s)einem Namen anzubieten. Wenn z. B. eine Marke wie *Volkswagen*, bei der bereits der Name die Leistung beinhaltet, einen Luxus-Wagen wie den *VW Phaeton* baut, dann greift sie ihr eigenes positives Vorurteil massiv an und erschüttert ihre Kundenstruktur. Massive Wertevernichtung von innen.

3.3   Jede Marke ist das Ergebnis von Wiederholung

Wenn eine Marke primär ein positives Vorurteil in den Köpfen der Menschen ist, dann kann dieses Vorurteil nur entstehen, wenn gute Erfahrungen mit einer Leistung sich kontinuierlich verdichten und somit Vertrauen in die Leistung entstanden ist. Dies wiederum funktioniert nur, wenn das Unternehmen hinter der Leistung konsequent und penibel darauf achtet, das positive Vorurteil jeden Tag neu zu bestätigen, den Vertrauensfluss zwischen der Marke und *ihrer* Kundschaft absolut störungsfrei zu halten. Ergo: Vertrauen kann nur entstehen, wenn mein Gegenüber verlässliche Signale sendet.

▶   Grundlage für den Aufbau des positiven Vorurteils ist somit die regelmäßige Wiederholung eines Vorgangs.

Ein Mensch, den ich am Montag mit zotteligem Vollbart und Fetzenjeans sehe, der mir am Dienstag glatt rasiert im grauen Zweireiher entgegentritt, ergibt kein klares Bild. Derart radikaler Wechsel mag für Privatmenschen psychologisch befreiend sein, für eine Marke bedeutet es Gefährdung ihrer Integrität und somit der monetären Existenzgrundlage. Selbst das hippste und umtriebigste Fashionlabel besitzt bei genauerem Hinsehen Strukturen, die sich wiederholen – **keine wirtschaftliche Unternehmung der Welt kommt ohne feste bzw. wiederkehrende Elemente aus.** Dies ist in der heutigen Zeit das große Problem von Marke: Marke an sich ist eine „spießige Angelegenheit", denn sie lebt von Wiederholung – anders kann kein Markenbild entstehen, exakt dafür wird sie gekauft. Weil die Wiederholung in einer Gesellschaft, die sich selbst gerne als individuell wahrnimmt, extrem schlecht gelitten ist, werden viele Marken regelmäßig von ihrem eigenen Management bestraft. Typische Meeting-Sätze wie: *„Seit über hundert Jahren sind unsere Verpackungen blau, das ist sterbenslangweilig, lasst uns doch mal eine emotionalere wärmere Farbe einführen"*, belegen völliges Unverständnis für Marken als höchst komplexe soziale Hyper-Organismen und sind eine Beleidigung an die Adresse der vertrauenden Kundschaft. Statt umgehend entlassen zu werden, werden solche Manager oftmals als Innovatoren gefeiert – solange, bis die Absatzzahlen abstürzen, weil die Kundschaft ihre Marke nicht mehr erkennt. Eine markensoziologische Erkenntnis lautet:

▶   Marken werden immer von innen zerstört, nie von außen.

Allein Kontinuität kann Orientierung schenken: Entscheidendes Charakteristikum einer Marke ist, dass sie in einer scheinbar unüberschaubaren Welt Kontinuität verspricht.

▶   Eine Marke ist das Gegenteil von Wandel, sonst ist sie nicht(s).

Daher besitzt eine Marke die Pflicht zur Kontinuität, um als Marke überhaupt erkennbar zu sein, d. h. sie muss immer und überall typisch auftreten. Nur auf diese Weise erfüllt sie die Ankerfunktion für ihre Kundschaft: Das positive Vorurteil muss ständig und an jedem Kontaktpunkt zur Marke Bestätigung erfahren. Dies geschieht in hohem Maße über Wiederholung.

Der Begriff Wiederholung besitzt ebenso wie das Vorurteil nicht den besten Ruf, oft wird er als Synonym für Erstarrung und Stagnation angesehen. Auch hierbei handelt es sich in Bezug auf die Marke um ein schwerwiegendes Missverständnis:

▶   Wiederholung darf für eine Marke niemals Stillstand bedeuten.

Zwar braucht selbst die innovativste Technikmarke ein starkes Maß an Wiederholung, dies meint aber auf gar keinen Fall, dass sie starr steht und keine neuen Produkte bzw. Produktinnovationen mehr entwickeln darf, im Gegenteil: Es bedeutet, dass jede eigene Erfindung, die den Markt erobern soll, zu etwas markentypischem gemacht werden muss. Denovation ist das Ziel jeder Innovation. lautet der markensoziologische Anspruch, d. h., jede Innovation soll so schnell und so stark wie möglich an die eigene Marke angebunden werden: Wenn die Marke *Apple* eine Uhr präsentieren will, dann präsentiert sie eine „*Apple-Watch*", die eindeutig ein neues *Apple*-Produkt darstellt, aber eben nicht nur vom Namen, sondern auch von den Produkteigenschaften, dem Design, der Innovationsleistung selber etc. als ein typisches *Apple*-Produkt erkennbar sein soll. Dieses markenstärkende Vorgehen beinhaltet auch, dass z. B. bei Auftreten eines externen Trends nicht sofort und ungeprüft auf diesen Trend aufzuspringen. Ganzheitliche Markenführung hat die Pflicht, jede möglichen Erweiterung, jeden Trend und jede Neuerung vorab auf seine Markentauglichkeit zu überprüfen: Passt dieser Trend zu unserer Marke? Gibt es eine Möglichkeit, diesen Trend markentypisch aufzugreifen bzw. stimmig zu integrieren? Marke lebt von Grenze: Passt der Trend nicht ins Markenportfolio, dann gilt es, ihn möglichst früh auszusortieren, um keine geistigen oder monetären Energien zu verschwenden. Eine anspruchsvolle Aufgabe, der sich jede Firma tagtäglich stellen muss, wenn sie ein positives Vorurteil verstetigen, pflegen oder neu etablieren möchte.

Selbstähnlichkeit als Basis: Starke Marken agieren immer typisch

Die starke Marke agiert auf allen Kontaktebenen mit der Kundschaft typisch, denn sie lebt von der Wiedererkennung. Ob im Regal des Supermarktes, auf der Hotel-Website oder beim Auto-Nachfolgemodell – die Marke muss für die Kunden (wieder-)erkennbar bleiben. Der Mensch sucht instinktiv, auch bei neuen Dingen, das Gewohnte, weil er es mit bereits vorhandenen guten Erfahrungen verbindet. Diesem Urinstinkt kommt die Marke entgegen. Sie steht zu ihrer eigenen wirtschaftlichen Existenzsicherung in der Pflicht, ihrer Kundschaft auch neue Dinge in altbekannter Form, Anmutung und Qualität anzubieten. Der Grundsatz „Vertrauen hat man nur in das Vertraute", von dem speziell in früheren Zeiten das eigene körperliche Überleben abhängen konnte, realisiert sich in der gutgeführten Marke. Das Prinzip ist universell, es gilt unabhängig davon, ob es sich um eine Einzelperson oder eine Gruppe oder eine Marke handelt. Jede funktionierende Gemeinschaft lebt von der Vertrautheit ihrer Umgebung und der Verlässlichkeit der Signale. Die Markensoziologie bedient sich für die Deutung und Nutzung dieser Verhaltensregeln eines Grundprinzips aus der Evolutionstheorie: der Selbstähnlichkeit.

4.1 Stabilität durch Durchsetzung von Selbstähnlichkeit

Die im Folgenden vorgestellten Erkenntnisse über kulturelle Systeme leiten sich von naturwissenschaftlichen Gesetzen ab: Die Selbstähnlichkeit ist das entscheidende Überlebensprinzip aller organischen Strukturen. Dort setzen sich jene Systeme durch, denen es gelingt, sich gegen alle Unwägbarkeiten ihrer Umgebung durchzusetzen. Wie funktioniert dies? Jeder Organismus in der Natur trägt in sich einen „genetischen Bauplan", der dafür sorgt, dass dieser Organismus sich korrekt reproduziert. Ein Beispiel: Es gibt weltweit ca. 50 Tannengattungen. Von der in Europa populären „Nordmannstanne" über die Himalaja-Tanne bis zur „Numidischen

© Springer Fachmedien Wiesbaden 2015

A. Zschiesche, O. Errichiello, *Markensoziologie kompakt – Basics für die Praxis,* essentials, DOI 10.1007/978-3-658-10247-0_4

Tanne", die nur in einem kleinen Areal in Algerien wächst. Die weit verbreiteten immergrünen Arten sind – auch für einen Laien – eindeutig der Gattung Tanne zuzuordnen. Unabhängig von Alter, Ort, Höhe und Sorte des Baumes lassen sich bestimmte artenübergreifende Elemente sofort erkennen: nadelförmige Blätter, Zapfen, pyramidenförmiger Wuchs, grüne Färbung usw.[1] Die Tanne kann niemals zu einer anderen Pflanze mutieren, es kann aus ihr keine Kiefer oder Buche entstehen, ihre Wachstumsregeln sind in ihrem genetischen Code festgeschrieben.

Dem natürlichen Vorbild der „Marke Tanne" folgend, muss der Markenorganismus sein ureigenes Muster konsequent reproduzieren. Ob Honolulu oder Hagen und inzwischen auch Ho-Chi-Minh-City: Überall, wo *McDonald's* draufsteht, ist *McDonald's* „drin". Dennoch ist keine der ca. 34.000 Filialen identisch mit einer anderen: Bei Bedarf passen sich einzelne Burger-Restaurants ihrer Umgebung baulich an, und in einigen Regionen gibt es mit Blick auf die Landeskultur kulinarische Besonderheiten: So erfreut sich der Fast-Food-Fan in Mailands exklusiver Galleria neben *Gucci* über ein besonders edles *McDonald's*-Ambiente oder entdeckt in Bombay den *Maharadscha Mac* auf der Speisekarte. Doch Selbstähnlichkeit existiert auf vielerlei Ebenen, z. B. beim Service: In Singapur gibt es einen Skate-through, wo hungrige Skater auf die Schnelle bedient werden, in einem schwedischen Skigebiet existiert ein Ski-through. Es gibt inzwischen unter den 1486 deutschen Filialen auch bei Bremen ein „Energieeffizienz-Restaurant" von *McDonald's*, das dank neuester Umwelttechnologie besonders ressourcenschonend sein soll. Auf diese Weise nimmt die Marke eine moderne gesellschaftliche Strömung auf und verwandelt sie in etwas Markentypisches und somit Markenstärkendes.

Selbstähnlichkeit bedeutet Varianz in einem festgelegten Korridor. Ein Wechselspiel aus Wiederholung und kreativer Entfaltung, aus dem das System seine innere Stabilität gewinnt. Aus markensoziologischer Erfahrung liegt ein grober Richtwert für das Verhältnis von Wiederholung und Innovation innerhalb einer Marke bei 80:20. Dieser Richtwert kann bei einer sehr jungen Marke, z. B. einem technikgetriebenen Start-up, auch bei einem Verhältnis von 60:40 liegen, verändert sich dann aber mit der Zeit meist deutlich zugunsten der Wiederholung. Um den Wert 80:20 an einem Beispiel zu verdeutlichen: Die Marketing-Abteilung muss 80 % ihres Budgets dafür einsetzen, die traditionell umsatzstärksten Produkte zu unterstützen und 20 %, um neue Line-Extender etc. im Markt zu verankern. Die Erfahrung zeigt, dass dieses interne Budget-Kräfteverhältnis in der Marketing-Realität oftmals exakt umgekehrt verläuft.

---

[1] Zitiert aus: Errichiello, Oliver/Zschiesche, Arnd: Markenkraft im Mittelstand. Was jeder Manager von Dr. Klitschko und dem Papst lernen kann. 2. Auflage, Springer Gabler, Wiesbaden, 2012

Eine konsequent selbstähnliche Markenführung bringt dem Unternehmen intern entscheidende Vorteile:

- Der Strukturaufwand nimmt ab.
- Kreativität wird in definierte Bahnen gelenkt.
- Es findet keine totale Fixierung statt.
- Entwicklungschancen bleiben erhalten.

Eine Marke, die ihre Spezifik kennt und akzeptiert, kann deutlich schneller strategische Entscheidungen treffen und sichert die kontinuierliche Verdichtung des positiven Vorurteils ab, weil der Output immer typisch ist. Management per Bauchentscheidung gehört der Vergangenheit an. Wichtig bleibt dabei festzuhalten, dass Selbstähnlichkeit nicht auf einzelne (offensichtliche) Unternehmensbereiche wie Design oder Werbung beschränkt ist. Selbstähnlichkeit umfasst alle für die Kundschaft konkret erfahrbaren Bereiche der Marke:

- Preis
- Distribution
- Entwicklungs-/Herstellungsprozess
- Serviceleistungen/Zusatz- und Garantieleistungen (z. B. lebenslange Garantie)
- Werbung/PR/Kommunikation/Sponsoring
- Technik (z. B. spezielle Maschinen/Verarbeitung)
- Design
- Warenpräsentation (z. B. spez. Verpackung, Messestand)
- Logo
- Farbe

Die für die Durchsetzung von Selbstähnlichkeit entscheidenden Bereiche sind dabei so individuell wie die Marken: Für eine Marke wie *LeCrobag* oder den *Bodyshop* kann der Duft eine maßgebliche Rolle spielen, bei *Coca-Cola* die Distribution: *Coca-Cola* ist überall erhältlich – von der einsamsten Pazifikinsel über das Fußballstadion bis zum Staatsbankett. Eine andere Marke darf gerade nicht überall erhältlich sein: Für die Zahnpastamarke *Elmex* ist wichtig, dass es ihr Spezialprodukt *Elmex Gelee* exklusiv in der Apotheke gibt – um die medizinische Expertise der Marke zu verdeutlichen. Über solche nicht zur Diskussion stehenden Gesetzmäßigkeiten stabilisiert sich die Marke von innen.

4.2 Anziehungskraft durch Selbstähnlichkeit

Wenn ein Unternehmen die interne Anstrengung unternimmt, selbstähnliche Markenführung zu betreiben, d. h. sich intensiv und dezidiert mit der eigenen Leistungsspezifik auseinandersetzt, erhält es im Gegenzug deutlich mehr als nur einen stilistisch in sich geschlossenen Gesamtauftritt: Soziale Anziehungskraft entsteht nur durch stilistische Geschlossenheit. Ein Phänomen, das wir alle aus dem Alltag und aus dem Fernsehen kennen:

> ▶ Die stärkste Attraktivität üben soziale Systeme aus, die nach außen eine absolute Einheit ausstrahlen.

Je geschlossener das System in sich umso stärker seine Anziehungskräfte nach außen. Allerdings auch die Abstoßungskraft: Marken, die in sich geschlossen sind, fordern viel stärker auch Gegner und Gegnerschaft heraus. Im Gegensatz zu einer Marketingdenke, die oft versucht, Markengrenzen zwecks kurzfristiger Umsatzerhöhung aufzuweichen, sieht der soziologische Ansatz in der Grenze ein systemstabilisierendes Energiefeld. Öffnet sich die Grenze an nur einem einzigen Punkt, entweicht sofort Energie aus dem Gesamtsystem. Die starke Marke passt sich daher nie ungeprüft an.

Es geht um die Übertragung von Naturgesetzen auf soziale Systeme, Erfolgsregeln die z. B. der Biologe James Miller 1978 in seinem Werk „Living Systems" herausgearbeitet hat: Demnach sind nur die Systeme in der Natur erfolgreich, die in der Lage sind, eine eindeutige Signalstruktur zu etablieren und über diese Signalstruktur mit ihrer Umwelt zu interagieren. Analog dazu bildet die starke Marke einerseits eine in sich (ab)geschlossene Einheit, steht andererseits kontinuierlich im Austausch mit ihrer Umwelt und Umgebung, bricht aber dafür ihre Einheit niemals auf. Das Markensystem und sein relevantes Umfeld sind selbstverständlich wechselseitig aufeinander bezogen – jede Firma steht im beständigen Austausch mit ihrer Umgebung, z. B. mit Konkurrenzfirmen, Gesetzvorgaben, Zulieferern, Dienstleistern, Medien usw. Die selbstähnlich geführte Marke lässt sich allerdings nicht durch ihr Umfeld determinieren (Stichwort: „Der Markt verlangt von uns…"), sondern versucht, dort, wo es möglich ist, aktiv lenkend in das Geschehen einzugreifen: Starke Marken sind immer Sender, nie Empfänger.

Entscheidend für das Verständnis ist: Es geht bei der Durchsetzung von Selbstähnlichkeit im Unternehmen nicht darum, starre Gestaltungsvorgaben im Sinne einer Corporate Identity zu implementieren – im Gegenteil. Die stupide Wiederholung von Vorlagen ist eine kreative Bankrotterklärung für jedes Unternehmen, diese Starre bzw. Nichtanpassung würde auch in der Natur zum Tod des Organismus führen. Weit über den offiziellen Briefbogen und das Leuchtschild auf dem Dach hinaus wirkt Selbstähnlichkeit in die Marke hinein: Jedes Produkt und jede Dienstleistung muss die Gesamtheit der Marke widerspiegeln. Die starke Marke setzt ihre selbstähnliche Signalstruktur rigoros durch: So verwandelt die *Bild*-Zeitung seit 1952 jedes Geschehen auf dieser Erde tagesaktuell in etwas typisch *Bild*-haftes – egal ob Hungerkatastrophe, Papstwahl, C-Promi-Hochzeit, Fußball-WM, Krieg: Zum Schluss ist alles typisch bzw. selbstähnlich *Bild*-Zeitung. Dieses Beispiel einer Tageszeitung, die mittlerweile dank Internet noch deutlich beschleunigter arbeiten muss, verdeutlicht, welch ungeheure System-Anstrengung die Durchsetzung von Selbstähnlichkeit bedeuten kann. Unterschiedlichste Inhalte müssen innerhalb kürzester Zeit in das typische Muster umgewandelt bzw. eingepasst werden: Allein dieses Muster ist für die Kaufresonanz d. h. die wirtschaftliche Existenz des Gesamtsystems verantwortlich. Das gewählte Beispiel ist extrem, macht aber gerade dadurch deutlich, dass es selbstverständlich auch bei einem Traditionsbetrieb in einer Branche mit deutlich längeren Produktzyklen eine tägliche Managementaufgabe ist, im Tagesgeschäft penibel auf die Durchsetzung von Selbstähnlichkeit zu achten.

Warum ist diese Rigidität innerhalb der Umsetzung so wichtig? *„You never get a second chance to make a first impression"* propagierte eine Bekleidungsfirma. Die gelangweilte Stewardess, der arrogant auftretende Geschäftsführer, der unhöfliche Call-Center-Agent – individuelle Momentaufnahmen mit Folgen für das Gesamtbild der Marke. Nur durch Selbstähnlichkeit, d. h. detailgenaue Disziplin in allen Geschäftsbereichen, kann das Unternehmen ein positives Vorurteil verankern. Dieser Anspruch ist Grundlage der Markensoziologie: Eine diesem Anspruch genügende Markenarchitektur lässt den Kenner sofort spüren, dass er zuhause ist, auch wenn er den Markentempel blind betritt. Präzise Detailarbeit aller Verantwortlichen ist dafür gefragt: Lässt der Innenraum eines *Bentley* irgendwelche (Plastik-)Anleihen aus den Mittelklassewagen der Konzernmutter *Volkswagen* erahnen, stellt dies eine Korrosion der Marke *Bentley* dar. Umgekehrt kann „Unstil" für eine andere Marke überlebenswichtig sein, denn jede Marke entfaltet ihre individuelle Erfolgsstruktur, selbst wenn diese objektiv betrachtet für viele Menschen nicht schön ist: Für einen Discounter können aufgerissene Kartonagen, wenig Personal und unaufgeräumte Regale ein Erfolgsrezept darstellen, denn dies suggeriert jedem Beobachter so konkret wie eindringlich, dass in diesem Laden die Preise knapp kalkuliert sein müssen. Marmorfußböden, gut ausgebildete Verkäufer und edle Holzregale würden diese Erfolgsstruktur umgehend zerstören bzw. die Stammkundschaft aus dem Laden treiben.

4.3   Differenzierung durch Selbstähnlichkeit

Marke lebt von Differenzierung. Ohne Differenzierung keine Marke. Ohne Selbstähnlichkeit in Stil und Auftritt kann sich keine Differenzierung von der Umwelt und somit keine Anziehungskraft entwickeln. Im Ergebnis steht die äußere Einheit eines in sich höchst individuellen Systems. Damit kommt die Marke der zutiefst im Menschen verankerten Sehnsucht nach Einheit entgegen: Je komplexer uns die Welt erscheint, umso stärker wird der Wunsch nach Einheitlichkeit und Übersichtlichkeit. An dem Punkt dockt die starke Marke an, sie bietet Einheit und somit Sicherheit und dies nicht nur für ihre Kundschaft: Auch Geschäftspartner, Lieferanten, Belegschaft und Medienvertreter wissen, was sie von der Marke zu erwarten haben.

Bereits aus mehreren Perspektiven zeigten sich innerhalb des Buches die Vorteile des konsequenten Durchsetzens und beständigen Betonens der eigenen Differenz: Eine starke Marke muss nicht ständig kostenintensiv auf ihre Unterschiede hinweisen und alle ihre Besonderheiten kommunizieren oder sich dafür rechtfertigen: Die Metzinger Bekleidungsfirma *Boss* muss nicht (mehr) begründen oder sich dafür rechtfertigen, warum ein Anzug mit ihrem Label teurer ist als ein Anzug von *S.Oliver* oder ein Anzug bei *C&A*. Marken wie *C&A* oder *H&M* hingegen müssen nicht mehr jeden Tag aufs Neue beweisen, dass es bei ihnen Bekleidung zu einem günstigen Preis zu kaufen gibt. Im Ergebnis stehen deutlich gesenkte Werbe- und Transaktionskosten. Umso verrückter erscheint die Tatsache, dass es oft die größte Herausforderung im Unternehmen selber ist, immer wieder für die Durchsetzung der selbstähnlichen Elemente zu sorgen: Primär intern regen sich in den Firmen regelmäßig Widerstände dagegen, dass etwas immer in ähnlicher Form reproduziert wird. Dabei ist Sicherheit bzw. im übertragenen Sinne „blindes Vertrauen" in die Leistung eines Unternehmens das Endziel jeder seriös ambitionierten Markenführung – und dies kann nur über selbstähnliche Variierung eines Themas erreicht werden.

Es prägt sich bei uns nichts ein, was erstmalig erscheint. Menschen benötigen zum Wissens- und Vertrauensaufbau Situationen und Erfahrungen, die sich wiederholen, die vorhersehbar sind. Die Kognitionspsychologie hat eindeutig festgestellt, dass Lernprozesse Zeit benötigen – einmalige Ereignisse prägen sich nicht als Wissen ein. Deshalb sollte eine Marke, die „erlernt" werden möchte, Prozesse in Gang setzen, die auf Kontinuität angelegt sind. Erst dann kann sie eindeutig identifiziert werden und ihre volle Wirkung entfalten. Wenn man sich vor Augen führt, dass der Mensch in der westlichen Welt pro Tag mit – je nach Studie unterschiedlich – zwischen 3000 und 6000 Werbebotschaften „bombardiert" wird, macht dies den Wahnsinn deutlich, wenn gut eingeführte Marken, die sich mittels ihrer Selbstähnlichkeit ein stabiles Vorurteil aufgebaut haben, beschließen, ihr Marken-Image radikal zu verändern. Die Zigarettenmarke *Marlboro* hat von den 1960er Jahren bis 2011 so konsequent ein selbstähnliches Markenmuster entwickelt, durchgehalten und etabliert, dass

sie eine Monopolstellung in der Psyche des Verbrauchers erreicht hat. Wahrscheinlich verspürten militante Nichtraucher beim Anblick bestimmter Wildwest-Szenarien im Kino umgehend das Bedürfnis, ihren Körper mit Nikotinpflastern zu schützen.

Schlecht für die Lunge, gut für das Geschäft, in jedem Fall ein einmaliger Wettbewerbsvorteil in einem umkämpften Markt, indem die Darstellung der Leistung (rauchende Personen) bereits verboten ist. Ganz im Sinne zunehmender staatlicher Bemühungen, das Rauchen einzuschränken, hat die Marke *Marlboro* beschlossen, durch Einführung einer jungen, hippen „Maybe-Kampagne", die keinerlei stilistische Anknüpfungspunkte an den Cowboy besitzt, diese Monopolstellung freiwillig aufzugeben. Die Löschung eines selbstähnlichen d. h. in jahrelanger und teurer Kommunikationsarbeit aufgebauter Werbemusters ist gleichbedeutend mit der Löschung aller zuvor aufgebauten sozialen Energien: Zurück auf null weil das Differenzierungsmuster abgeschafft wurde.

Markenmanagement ist Ursachenmanagement 5

Leistung, Leistung, Leistung. Ein positives Vorurteil über eine Marke, d. h. Vertrauen in eine Marke bildet sich, wie deutlich gemacht wurde, niemals aus Zufall oder durch eine massive Werbekampagne. Drei Prämissen, die verdeutlichen, woher die Markenkraft kommt:

- Wenn eine Marke ein **positives Vorurteil** etablieren konnte, dann hat das Unternehmen zuvor über einen längeren Zeitraum kontinuierlich gute Leistungen erbracht, d. h. Vertrauen wurde aufgebaut.
- Wenn eine Marke sich über **Vertrauen in eine Leistung** bildet, dann müssen die Ursachen in der Verlässlichkeit des Unternehmens liegen, d. h. eine selbstähnliche Signalstruktur wurde gepflegt.
- Wenn eine Marke sich kontinuierlich **selbstähnlich** reproduziert, dann müssen interne Instanzen regelmäßig sicherstellen, dass jedes (neue) Produkt und jede (neue) Dienstleistung ins Portfolio passen.

Für den Markensoziologen ist es essenziell, sich intensiv mit der individuellen Leistungshistorie auseinanderzusetzen. Dies bedeutet eben nicht, sich oberflächlich die offizielle Hochglanzbroschüre des Unternehmens durchzublättern (siehe auch Leitfragen Abschn. 3.1). Es bedeutet Auseinandersetzung mit den Ursachen des Markenerfolges: den besonderen, den einmaligen Leistungen.

5.1 Das Ursache-Wirkungs-Prinzip der Markenführung

Nur durch kontinuierliche Produktleistung können positive Vorurteile entstehen. Mit hoher Wahrscheinlichkeit würde bei einer entsprechenden Marktforschung über die Marke *Mercedes-Benz* herauskommen (unter anderem), dass Fahrzeuge

© Springer Fachmedien Wiesbaden 2015
A. Zschiesche, O. Errichiello, *Markensoziologie kompakt – Basics für die Praxis,*
essentials, DOI 10.1007/978-3-658-10247-0_5

von *Mercedes-Benz* von vielen Menschen als außergewöhnlich sicher eingeordnet werden: Ein hervorragender Imagefaktor für einen Automobilhersteller. Für den Markensoziologen ist dies ein interessanter Hinweis auf eine Außenwirkung bzw. ein existierendes positives Vorurteil, mehr nicht. Jetzt beginnt die Arbeit, denn mit *Sicherheit* wäre bei einer Umfrage z. B. für die Marke *Volvo* auch der Wert „Sicherheit" kollektiv zurückgespielt worden. Damit allein lässt sich demnach nicht arbeiten.

Eine Recherche der Leistungshistorie ergibt, dass die Marke sich seit ihrer Gründung intensiv und kontinuierlich mit dem Thema Fahrzeugsicherheit auseinandergesetzt hat, woraus zahlreiche bahnbrechende Fortschritte im Fahrzeugbau resultierten (innerhalb der Abb. 5.1 ist nur ein kleiner Ausschnitt der Innovationen möglich). Der analytische Blick auf die Leistungen einer Marke verdeutlicht, wie sich ein bestimmtes, höchst individuelles Vorurteil herausbilden konnte. Wenn viele Menschen ein Vorurteil teilen, z. B. dass ein *Mercedes* „irgendwie ein sicheres Auto ist", dann müssen sich dafür im Umkehrschluss konkrete Ursachen finden lassen – im Unternehmen. Wichtig zum Verständnis: Nur das Management muss zwingend um diese Erfolgsursachen wissen, weil es die Ursachen managen muss. Der einzelne Kunde jedoch interessiert sich meist im Detail überhaupt nicht dafür, warum sein Auto sicherer ist oder welche elektronischen Systeme wie dafür sorgen, dass seine *Miele*-Waschmaschine mehr Waschprogramme besitzt. Er muss sich allerdings blind darauf verlassen können, dass jedes(!) Produkt der Marke die bei ihm existierenden Vorurteile bestätigt. Expertise und Verantwortung dafür

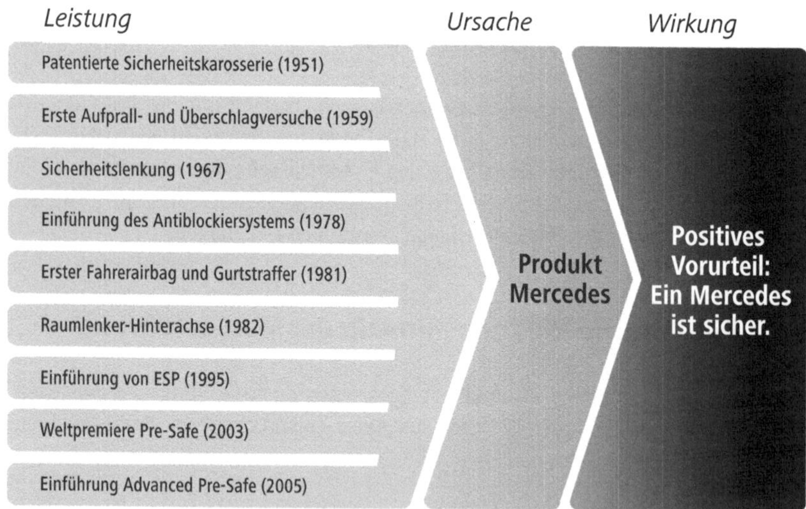

Abb. 5.1 Aufbau eines positiven Vorurteils am Beispiel Mercedes-Benz. (Quelle: Büro für Markenentwicklung)

liegen allein bei der Marke: Wenn eine Person als Nicht-Zahnarzt zum Zahnarzt geht, muss sie sich darauf verlassen, dass dieser sein Handwerk beherrscht, und die meisten Menschen möchten auch nicht im medizinischen Detail wissen, was gleich in ihrem Mund passiert.

Die höchst anspruchsvolle Aufgabe für den *Mercedes*-Manager, aber vor allem für die *Mercedes*-Techniker, die sich aus den eigenen Erfolgsursachen ergibt, ist es, kontinuierlich Maßstäbe in der Fahrzeugsicherheit zu setzen – eine enorme Anstrengung für das Markensystem.

Es geht in diesem Buch darum, die Erkennung von Erfolgsstrukturen zu verdeutlichen und zu operationalisieren: Für die markensoziologische Betrachtungsweise ist die Größe der Unternehmung dabei analytisch irrelevant, d. h. ein kleiner Betrieb hat hier sogar Vorteile gegenüber der Konzernmarke mit Stern. Es kann für ihn deutlich einfacher sein, durch konkrete Handlungen gezielte Wirkungen in seiner Kundschaft zu erzielen: Für ein Café, das seinen Kunden gehobene Kaffeespezialitäten anbietet, kann es ausgesprochen wichtig sein, dass der Kunde sein Getränk nicht sofort erhält, sondern immer einige Minuten warten muss: Wer 3,90 € für einen kleinen Café Latte bezahlt, erwartet, dass ein Barista für ihn zaubert, nicht dass eine Maschine ihm in Rekordzeit seine äthiopische Hochlandmischung aus der Region Sidamo mit sanfter Beeren- und Zitrusnote „ausspuckt" (auch wenn dies technisch möglich ist!). In dieser Ursache-Wirkungs-Logik darf der Lieferwagen einer Büro-Reinigungsfirma niemals verdreckt sein – auch wenn die Firma Büros akkurat reinigt und das Fahrzeug faktisch in keinerlei Zusammenhang mit den Leistungen der Reinigungsteams vor Ort steht. Menschen können nur aus konkret beobachteten Dingen ihre abstrakten Urteile fällen. Auf diese Weise können Unternehmen Ursachen „installieren", um als intendierte Wirkung ein positives Vorurteil aufzubauen oder zu lenken – ohne einen Cent in klassische PR- und Werbemaßnahmen zu investieren.

Der Markensoziologe benennt diese Ursachen des Erfolgs als *Erfolgsbausteine* der Marke oder auch als *genetische Bausteine*. Es braucht für ihre Herausarbeitung keine großangelegte Vorurteilsforschung mittels Mafo, es braucht den analytischen Blick nach innen: Wo liegen einmalige Besonderheiten? Welche Produkte/Dienstleistungen waren/sind besonders erfolgreich? Welche nicht? Eine bewährte Startfrage für den internen Prozess ist: **Wie hat das alles hier angefangen? Was war die ursprüngliche Motivation?** Die Erfolgsursachen bzw. Erfolgsbausteine können sich dabei in jedem Bereich des Unternehmens befinden: Gründungsidee, verwendete Rohstoffe, Qualifikation der Mitarbeiter, Lieferfähigkeit, Lieferzeit, Lagergröße, usw.

Abschließend soll das Ursache-Wirkungs-Prinzip noch einmal an einem prominenten wie eingängigen Beispiel gezeigt werden, der Marke *ARD* und „ihrer" *Tagesschau*, eine Sendung, die für die Wahrnehmung der Marke *ARD* als seriöses Medium maßgeblich verantwortlich ist.

Realisierungen	Ursache/Erfolgsbaustein	Wirkung/Image
Gong und Fanfare	Die Tagesschau	Die ARD ist seriös
Fester Sendeplatz		
Texte werden vorgelesen (keine spontanen Kommentare)		
Gehobener Kleidungsstil der Moderatoren		
Feststehende Studiogestaltung		

Abb. 5.2 Ursache-Wirkungs-Prinzip am Beispiel der ARD Tagesschau. (Quelle: Büro für Markenentwicklung)

Das Beispiel in Abb. 5.2 verdeutlicht, wie man Wirkungen gezielt lenken kann. Wenn die Verantwortlichen die Erfolgsursachen kennen, dann können z. B. technische Innovationen, Änderungen der TV-Sehgewohnheiten, Aufbereitung von Nachrichten im Internet viel besser integriert werden, weil die Stilistik, der Gestaltungskorridor definiert ist. Während es für eine Sendermarke wie *RTL* normal ist, Nachrichteninhalte eher boulevardesk aufzuarbeiten, ist die Marke *ARD* verpflichtet, dies seriös zu gestalten. Während es bei *RTL* zwecks Differenzierung sogar richtig bzw. markenstärkend sein kann, dass der Anchorman keine Krawatte trägt, wäre dies für die *ARD* markenzersetzend. Das Ursache-Wirkungsprinzip, das sich hinter jeder Marke verbirgt, erlaubt den Verantwortlichen, ihr Marken-Image zu steuern, die Marke basiert jetzt auf Fakten.

Ein Unternehmen verfügt niemals nur über einen Erfolgsbaustein, meist sind es zwischen neun und zwölf Erfolgsbausteine. Aus diesen individuellen Stärken, den konkreten Erfolgsursachen, ermittelt die Markensoziologie die Erfolgsbausteine des Unternehmens. Das vertiefende Vorgehen ist im Buch „Markenkraft im Mittelstand:Was jeder Manager von Dr. Klitschko und dem Papst lernen kann" (2013) detailliert beschrieben.

5.2 Das Produkt als Leistungsbeweis der Marke

Qualität ist Respekt vor dem Volk.
Che Guevara

Che Guevara hat das Thema verstanden und die in diesem Anspruch inkludierte (Marken-)Ethik auf den Punkt gebracht: Sämtliche der hier vorgestellten Grundlagen von Markenführung auf wissenschaftlicher Basis sollen eines verdeutlichen: Dreh- und Angelpunkt jedes seriösen Markenaufbaus ist einzig und allein das Produkt und sein absoluter Leistungsernst (Die Dienstleistung ist hier im Begriff Produkt eingeschlossen). Ohne nachgefragtes Produkt keine Marke und vice versa. Es geht demnach um eine intensive Zweierbeziehung zum beiderseitigen Nutzen: So, wie jede Marke die Aufgabe hat, ein Produkt aus der Masse herauszuheben, so hat auch das Produkt seine definierte Aufgabe:

▶ Das Produkt ist offizieller Botschafter der Marke und übernimmt auf diesem Außenposten eine äußerst anspruchsvolle Mission: Das Marken-Leistungsversprechen bei jedem Kaufvorgang (neu) einzulösen.

Als konkretes und daher unverhandelbares Ergebnis der Unternehmensleistung werden alle zuvor getätigten Aussagen und Versprechungen an ihm gemessen.

▶ Das Produkt allein entscheidet über Erfolg oder Misserfolg der Unternehmung.

Das Positive Vorurteil muss im Supermarktregal seine Bestätigung finden, denn am *Point of Sale* helfen keine teuren Hochglanz-Werbewelten voller lachender Models mehr. Und: Nach dem Kaufvorgang kann das Unternehmen nicht mehr eingreifen – höchstens noch Kulanz bei Reklamationen walten lassen, aber dann ist der gute Ruf schon geschädigt. Um noch einmal *Mercedes* zu bemühen: Die Marke wird noch lange existieren, doch trotz umfassender PR-Kampagne im Jahr 1997 wird sie noch über Jahrzehnte mit dem Begriff „Elchtest" negativ in Verbindung gebracht werden. Die Marke, die ursprünglich als Erfinder des Automobils wohl das stärkste positive Vorurteil aller Automarken besaß, hat seit 1997 einen groben Kratzer im silbernen Markenlack, egal, wie akkurat danach gearbeitet wurde. Dieser soziale Mechanismus schlägt bei einer deutlich kleineren Marke genauso unerbittlich zu!

Der Markenverantwortliche darf wegen der existenziellen Bedeutung für das Gesamtunternehmen und der strategischen Sensibilität, mit der jede Entscheidung getroffen werden muss, niemals das große Ganze aus dem Auge verlieren – den Hyper-Organismus Marke mit seinem Endprodukt, in dessen Leistung sich das Vertrauen der Außenwelt aufgebaut hat. Ist diese oder jene Entscheidung geeignet, den Gesamtorganismus zu stärken oder nicht? Eine Entscheidung, z. B. ein günstigeres Material in der Produktion zu verarbeiten, um dem Handel die Ware für einen günstigeren Preis anbieten zu können, wird kurzfristig eventuell zu einer Absatzsteigerung führen – aber welche Folgen könnte dies langfristig für die Marke haben? Aus diesem Grund muss die Verantwortung für die Markenführung nicht im Marketing angesiedelt sein, sondern immer auf der obersten Leitungsebene.

Jedes Produkt ist das Endergebnis einer oftmals extrem umfangreichen Leistungskette, die von der Schweizer Almweide über den Kühltransport bis zum Fließband und dann weiter bis zu tausenden von Käsetheken weltweit reichen kann. Diese Kette muss in sich stimmig und möglichst perfekt eingespielt sein, damit das Produkt in gleichbleibender Beschaffenheit seine Kundschaft erreicht. **Markenarbeit ist Detailarbeit am Produkt** und dies bedeutet, stets die gesamte Leistungskette im (Produkt-)Blick zu haben. Selbst wenn der Kunde schon längst ein vertrauensvolles Verhältnis, ein nach Ferdinand Tönnies gemeinschaftlich geprägtes Bündnis mit der Marke eingegangen ist, muss das Produkt dieses Bündnis bei jedem Kaufakt auf Basis einer Leistung neu bestätigen.

Falls das Produkt ihr kommuniziertes Leistungsversprechen nicht oder teilweise nicht einlösen kann: Finger weg! Setzen Sie bitte keine Werbelüge in die Welt, es gibt davon bereits genug. Suchen Sie eindeutige Stärken ihres Produkts und kommunizieren Sie diese (wenn es keine gäbe, wären Sie längst pleite).

▶　　Markenarbeit bedeutet Stärken zu stärken.

Jedes Produkt der Welt hat selbstverständlich auch Schwächen, und an deren Verbesserung zu arbeiten, sollen sie intern auf keinen Fall vernachlässigen. Aber in der Kommunikation nach außen geht es um die Vorteile Ihrer Produkte, denn dafür werden sie gekauft. Würde der Stadtflitzer *smart* eine Kampagne starten, in der es darum geht, die Gelände- oder Langstreckentauglichkeit des Wagens zu beweisen? Nein, man weist dezidiert auf die Vorteile im überfüllten Großstadtdschungel hin – Einparkkompetenz dank 2,69 m Länge, kleiner Wendekreis von 6,95 m usw. Leider ist dieses „normale" logische Vorgehen in der Marken- bzw. Wirtschaftswelt nicht selbstverständlich.

5.3　Alle Energie auf die Kundschaft: Sie ist Träger des Markenwissens

„Der vielleicht am weitesten verbreitete Fehler eines Unternehmens liegt in dem Versuch, Wachstum durch das Anlocken neuer Kunden zu forcieren."[1] Diese Erkenntnis, die der US-Markenexperte David Aaker bereits seit Jahrzehnten propagiert und die die Markensoziologie im Rückgriff auf uralte Sozialmechanismen bestätigt, hat sich bei vielen Marketingexperten leider noch nicht durchgesetzt.

---

[1] *Aaker, David A.: Management des Markenwertes. Frankfurt/M./New York, 1992, S. 72*

Marke kann nur aus ihrer eigenen Stilistik und ihren eigenen Leistungen heraus Neukunden ansprechen. Meeting-Klassiker wie z. B. „Wir sterben mit unseren Kunden" oder „Wir müssen die Marke dringend verjüngen" und vor allem die fatalen Rückschlüsse daraus, sind auch im 21. Jahrhundert noch nicht ausgestorben. So ist das gemeinsame Sterben mit der Kundschaft soziologisch betrachtet Humbug: Jede Kundschaft wächst nach – allerdings nur, wenn die Leistung stimmt. Sorgen sollten sich im Gegenteil alle Marken mit junger Kundschaft machen, denn diese wächst laut Statistik nur spärlich nach …

▶   Die Kundschaft wirkt mit ihrem Wissen und ihrer sozialen Energie als Vererbungsmechanismus von Marken.

In ihr ist das vollständige positive Vorurteil über die Markenleistung(en) gespeichert, und diese Informationen kann sie weitergeben: Marke lebt von Wiederholung, weil menschliches Gefallen an anderen Menschen wie auch an den Dingen sehr viel mit Gewohnheit und Wiedererkennen zu tun hat. Nicht umsonst werden Marken gerne als *„Wohnzimmer der Seele"* bezeichnet. Starken Marken gelingt es – bewusst oder unbewusst – zu einem Bestandteil unseres Alltags zu werden. Es können scheinbar profane Dinge sein, wie das *Vitamalz* im Kühlschrank oder die Tube *Blendi* im Badezimmer, die *Lorenzen-Flips* zum „Tatort" vor dem Fernseher: Alltagsrituale, die bestimmte Produkte integrieren und dazu führen, dass diese selbst zur Gewohnheit werden. Der Vorurteilsforscher Gordon W. Allport erklärt jene menschliche Eigenart: *„Sicherlich sind wir manchmal gelangweilt durch die immer gleiche Routine des Alltags, aber die wesentlichen Werte unseres Lebens haben ihre Kraft gerade durch die Vertrautheit. Und mehr noch, alles Vertraute hat die Tendenz zum Wert zu werden."*[2] Weil Werte, Überzeugungen und Erfahrungen sozial weitergegeben bzw. überliefert werden, können starke Marken über Jahrhunderte existieren und ihre Botschaft zeitgemäß weitertragen:

▶   Wie Sitten und Gebräuche wird auch der Gebrauch bestimmter Marken weitervererbt.

Das Wiederaufleben jahrzehntelang verpönter Ostmarken auf dem Gebiet der ehemaligen DDR nach der Wende hat eindrucksvoll bewiesen, welch starke Bindungsfunktion für Menschen aus Gewohnheit erwächst – selbst aus unfreiwilliger.[3]

---

[2] Allport, Gordon W.: Die Natur des Vorurteils. Köln: Kiepenheuer & Witsch, 1971, S. 43
[3] Vgl. hierzu: Zschiesche, Arnd/Errichiello, Oliver: Erfolgsgeheimnis Ost. Survival-Strategien der besten Marken – und was Manager daraus lernen können. Wiesbaden, Gabler, 2009

Die Stammkundschaft einer Marke funktioniert wie ein kostenloser 24–Stunden-Werbeblock für ihre Markenleistung – nur ohne die horrenden Kosten. Sätze wie „Bei dem Baumarkt ist die Beratung super, die konnten mir jede Frage beantworten" oder „Was der *Samsonite* (Koffer) bei mir schon alles mitgemacht hat, der hält echt was aus", beinhalten aus Markenperspektive eine kostenlose Multiplikatorfunktion und kommen im Gegensatz zu internationalen Werbekampagnen ohne Streuverlust aus: Dichter kann die Marke nicht bei potenziellen Neukunden sein. Diese kontinuierliche Wiedergabe von positiver Meinung zur Marke, die naturgemäß mit persönlichen Erfahrungen bzw. Leistungsbeweisen unterlegt ist, erzeugt einerseits Neukundschaft, verbreitet die Bekanntheit der Marke und verfestigt andererseits das bereits vorhandene Markenwissen. Wie bereits erwähnt, lebt Marke von sozialer Dichte, sie reduziert soziale Komplexität und so gilt auch hier: Je eindeutiger und klarer das positive Vorurteil über die Leistung, umso stärker die Marke dahinter.

Dieser soziale Übertragungsmechanismus verdeutlicht, warum Werbung und Kommunikation nur eine einzige Zielgruppe kennen dürfen: die eigene Kundschaft. Sie muss konstant in ihrer Meinung über die Marke Bestätigung erfahren, das Kollektivwissen und Bewusstsein um die Eigenarten der Marke muss an jedem Auftrittspunkt der Marke widergespiegelt werden – nicht nur in der Werbung, sondern in allererster wie vorderster Linie im Tagesgeschäft! Das Wachstum der Kundschaft geschieht bei selbstähnlicher Leistungsstruktur (inkl. Kommunikationsstruktur) quasi automatisch. Das „Angraben" fremder Kundschaften ist zudem deutlich kostenintensiver, weil die von anderen Leistungen überzeugten Anhänger jeweils einzeln aus einem gewohnten erlernten Marken-Umfeld herausgelöst werden müssen[4]: Der Überzeugungsaufwand ist nicht nur monetär enorm. Und der Erfolg ungewiss: Probanden, die z. B. bei einer Blindverkostung begeistert von Orangensaft Nr. 3 der Marke *Valensina* sind, laufen anschließend in den Supermarkt und kaufen aus jahrelanger Gewohnheit weiterhin *ihren* Orangensaft der Marke *Hohes C.* Der Mensch ist auch im Zeitalter von *Facebook*- und *Twitter*-Nachrichten, die in Sekundenbruchteilen um die ganze Welt gehen, in weiten Teilen seiner Persönlichkeit ein Gewohnheitsmensch, der seine Frau, seine Kinder, manchmal auch noch den Hund liebt und sich freut, wenn am Abend seine Zeitung neben dem Sessel auf dem angestammten Platz liegt. Der homo oeconomicus, der in den Wirtschaftswissenschaften gerne als ständig die Preise vergleichende Nutz-

---

[4] Die Markensoziologie hat, um die maßgebliche Rolle der Kundschaft, aber auch um die unterschiedlichen Dichteformen der sozialen Bindung an eine Marke insgesamt zu verdeutlichen, das 5-K-Schema entwickelt: Konsument, Käufer, Kunde, Kundschaft, Kenner. Vgl. hierzu: „Marke ohne Mythos/Das erste ehrliche Markenbuch oder warum so viele Menschen einen MINI brauchen" (GABAL Verlag, Offenbach 2013, S. 154–159)

Abb. 5.3 Der Marken-
kreislauf. (Quelle: Büro für
Markenentwicklung)

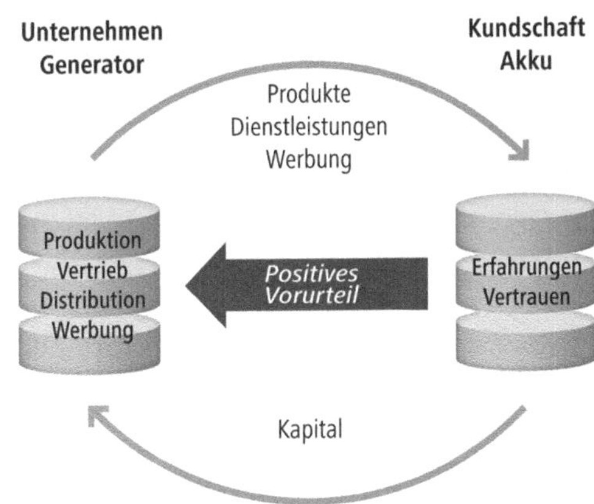

enmaximierer herangezogen wird, existiert in der Realität nicht. Und das ist auch
gut so (nicht nur für die Marken).

Abschließend soll der sog. „Markenkreislauf" (vgl. Abb. 5.3) verdeutlichen,
warum der Kundschaft so eine vitale Funktion im System Marke zukommt: Sie ist
der Akku der Marke, das Unternehmen, der Generator. Das Unternehmen lädt über
seine selbstähnlichen Produkte bzw. seine Dienstleistung, seinen Auftritt, seine
Kommunikation die Markenwahrnehmung innerhalb der Kundschaft kontinuierlich auf. Die Kundschaft baut über ihre wiederholt guten Erfahrungen Vertrauen
auf bzw. ihr Vertrauen in die Marke wird immer wieder neu bestätigt: Der Akku ist
geladen. Als Lohn erhält das Unternehmen frisches Kapital und darüber hinaus und
als langfristige wirtschaftliche Basis baut sich das positive Vorurteil auf.

Das positive Vorurteil sorgt einerseits für Neukundschaft, andererseits beinhaltet es die Verpflichtung des Unternehmen zur typischen Reproduktion: Mit dem
positiven Vorurteil ist das Unternehmen nicht mehr frei. Denn dieser Kreislauf
funktioniert nur, solange Gleichstrom zwischen dem Generator und seinem Akku
herrscht. Jede Abweichung sorgt sofort für eine Entladung mit empfindlichen Folgen für beide Seiten. Es ist ein Vertrauensverhältnis entstanden, das beiden Seiten
das Leben vereinfacht und der Marke ihre Ertragskraft sichert. Ein ganz einfaches
Prinzip, das an sich keine Wissenschaft braucht und vielleicht genau deswegen so
schwer in der Wirtschaftswelt durchzusetzen ist. Am Ende des Tages geht es bei
Marke wie bei nahezu allen anderen Dingen des Lebens um das Vertrauen.

Die 10 Grundregeln für gute Markenführung 6

Vor dem Hintergrund der vorhergehenden fünf Kapitel, werden die wichtigsten Erkenntnisse zur erfolgreichen Führung von Marken für den Einsatz in der Praxis zusammengefasst – nichts ist so praktisch wie eine gute Theorie.

6.1 Marke ist ein Qualitätsversprechen

Marke bedeutet Vertrauen in die gleichbleibende Qualität von Produkten oder Dienstleistungen. Die erlernten Erfahrungswerte der Kundschaft definieren den Handlungskorridor einer Marke. Dieses Vertrauen der Kundschaft muss sich das Unternehmen jeden Tag neu erarbeiten – egal, ob es halbe Hähnchen oder Luxusuhren verkauft. Qualität bedeutet, Grenzen einzuhalten und von Produkten Abstand zu nehmen, sofern der eigene Anspruch nicht hundertprozentig eingelöst werden kann.

6.2 Alle Kraft auf eigene Stärken

Unternehmen in komplexen Verdrängungsmärkten vergessen, für welche Leistungen die eigene Marke steht oder ursprünglich stand. Sie verzetteln sich und weiten Sortimente und Services unkontrolliert aus. Oft fehlen anschließend Ressourcen für die eigentlichen Kernkompetenzen. Die Folge: Das Unternehmen irritiert seine Stammkundschaft. Verdeutlichen Sie sich immer wieder die Stärken Ihrer Marke. Auf diese Stärken müssen die Mittel fokussiert werden!

© Springer Fachmedien Wiesbaden 2015
A. Zschiesche, O. Errichiello, *Markensoziologie kompakt – Basics für die Praxis*, essentials, DOI 10.1007/978-3-658-10247-0_6

6.3   Konsequent die eigene Leistung kommunizieren

Auch wenn Marketing und Werbung nicht hören, lesen oder sehen wollen: Die eigene Leistung – und nur diese – muss immer wieder kommuniziert werden. Das kann kreativ bis konservativ geschehen, aber es muss eindeutig auf die Markenleistung einzahlen. Je eindeutiger, desto besser. Gute Markenkommunikation folgt den vorgegebenen Strukturen der Marke und nie dem Zeitgeist. Wenn es passt, kann der Zeitgeist integriert werden – aber die Marke dominiert das Geschehen.

6.4   Das Produkt ist seinen Preis wert

Setzen Sie Ihren Preis für Ihre Leistung durch. Das ist ein hehres Ziel für Jahresgespräche, aber langfristig stärkt nur dies die Marke – und den Respekt davor! Wer einmal „Ja" zu schlechteren Konditionen gesagt hat, wird es im nächsten Jahr erneut tun müssen (zu noch schlechteren Konditionen). Starke Marken haben starke Grenzen – der Preis ist eine der wichtigsten. Vergessen Sie nie: Mit dem Preis steigt die Achtung!

6.5   Konkurrenz ist kein Maßstab für das eigene Handeln

Die Realität: Permanente Wettbewerbsbeobachtung, täglich aktualisierte „Mafo-Ergebnisse", Panikberichte des Außendiensts über „die anderen" (die immer besser sind). Ergebnis: Die Info-Nebelwand lässt keinen Blick auf eigene Stärken zu. Die Frage „Was machen die anderen?" ist bequem, sie befreit von der komplizierten Frage: „Was machen wir?" Ihre Kunden kaufen Ihr Produkt, weil sie es aus ganz bestimmten Gründen vorziehen – exakt diese Gründe müssen erarbeitet und gepflegt werden.

6.6   Trends nicht kopieren, sondern prüfen

Typischer Meeting-Spruch: „Wir dürfen Trend XY nicht verpassen. Nächstes Jahr haben den alle im Regal!" Schließt an Regel Nr. 5 an: Unruhe, weil kein Trend verpasst werden darf und überall Konkurrenz lauert. Doch die meisten Trends verschwinden, wenige bleiben, noch weniger sind geeignet, Ihre Marke zu stärken. Marke ist Marke, weil sie nicht „trendhörig" ist – sie bleibt sich selbst treu. Trend ist das Gegenteil von Marke!

6.7   Volle Konzentration auf die eigene Kundschaft

Für eine Marke ist nur die eigene Kundschaft mit ihren Vorstellungen von der Marke relevant. Wird sie konsequent zu ihrer Zufriedenheit bedient, ist Wachstum die logische Konsequenz. Einer der größten Fehler in der Markenführung besteht darin zu glauben, dass der Konkurrenz Kundschaft weggenommen werden muss, um selbst weiter zu wachsen (meist, indem Konkurrenz imitiert wird). Im Gegenteil: Nur eigene Stärke kann fremde Kundschaften zum „Überlaufen" bewegen.

6.8   Die Marke vor fremdem Zugriff schützen

Vertrieb, Handel, Verkauf, Agentur: Überall sind Menschen, die mit Ihrer Marke Geld verdienen wollen und eigene Vorstellungen davon haben, wie genau das geschehen soll. Nehmen Sie so weit wie möglich Einfluss auf alle Elemente der Präsentation und den Preis Ihrer Leistung! Markenführung ist Detailarbeit – kontrollieren Sie möglichst viele Dinge bis ins Detail. Es ist markenzersetzend, wenn sie hier im Feinkostregal stehen und dort in der Schütte liegen. Marke lebt vom eindeutigen Auftritt.

6.9   Marketing ist Teil des Tagesgeschäfts

Die Komplexität moderner Unternehmen führt oft zu einem immer stärkeren Abstand des Marketings von der Verkaufsebene. Ergebnis: Marketingideen, die meilenweit von der Realität des Tagesgeschäfts entfernt sind und keinen Beitrag zur Markenstärkung leisten. Die Abkopplung von der Wertschöpfungskette ist die automatische Folge. Es kommt zu Marketing- und Werbeaktivitäten, die nichts mit der Marke zu tun haben. Die Geschäftsleitung muss Aktivitäten des Marketings auf ihre langfristig markenstärkende Wirkung überprüfen. Das Marketing ist verpflichtet, bei wichtigen Entscheidungen im Bereich Werbung/Kommunikation leitende Mitarbeiter von Forschung und Entwicklung, Einkauf und Vertrieb einzubinden.

6.10   Kurs halten auch bei Gegenwind

Führen Sie Ihre Marke konsequent, setzen Sie klare Grenzen nach außen und managen Sie selbstbestimmt! Grenzen sind keine Hürden, sondern komprimieren die Markenkraft.

Was Sie aus diesem Essential mitnehmen können

1. Gute Markenführung ist kein kreatives Kunstwerk, sondern ein solides (soziales) Handwerk: Eine Leistung wird erfahrbar gemacht
2. Ob Dönerbude oder Weltkonzern: Markenstärkung und Markenaufbau folgen immer den identischen sozialen Gesetzen.
3. Sie erfahren, warum Vertrauensaufbau das Fundament jeder langfristig orientierten Unternehmung ist – und wie man ihn gezielt steuert.
4. Das Geheimnis jeder starken Marke: Sie agiert immer typisch – Selbstähnlichkeit an allen Auftrittspunkten.
5. Fremden Zielgruppen nachjagen ist kontraproduktiv: Marke wächst nur über ihre eigene Kundschaft – sie allein muss im Fokus des Handelns stehen.

© Springer Fachmedien Wiesbaden 2015
A. Zschiesche, O. Errichiello, *Markensoziologie kompakt – Basics für die Praxis,*
essentials, DOI 10.1007/978-3-658-10247-0

Literatur

Aaker, David A. 1992. *Management des Markenwertes*. Frankfurt a. M.: Campus.

Allport, Gordon W. 1971. *Die Natur des Vorurteils*. Köln: Kiepenheuer & Witsch.

Brandmeyer, Klaus, und Alexander Deichsel. 1991. *Die magische Gestalt. Die Marke im Zeitalter der Massenware*. Hamburg: Marketing Journal.

Deichsel, Alexander. 1987. *Von Tönnies her gedacht*. Hamburg: Rolf Fechner.

Deichsel, Alexander. 2006. *Markensoziologie*. (2. vollständig überarbeitete und erweiterte Auflage 2006). Frankfurt a. M.: Deutscher Fachverlag.

Errichiello, Oliver, und Arnd Zschiesche. 2013. *Markenkraft im Mittelstand. Was jeder Manager von Dr. Klitschko und dem Papst lernen kann*. Wiesbaden: Springer Gabler.

Gehlen, Arnold. 1966. *Der Mensch*. Frankfurt a. M.: Athenäum.

Horkheimer, Max. 1963. *Über das Vorurteil*. Köln: Westdeutscher.

Luhmann, Niklas. 2000. *Vertrauen. Ein Mechanismus der Reduktion sozialer Komplexität*. Stuttgart: UTB.

Otte, Thomas. 1993. *Marke als System. Ihre Eigenkräfte regeln den Markt*. Hamburg: Marketing Journal.

Tönnies, Ferdinand. 1981. *Einführung in die Soziologie*. Stuttgart: Enke.

Tönnies, Ferdinand. 1991. *Gemeinschaft und Gesellschaft. Grundbegriffe der Reinen Soziologie*. Darmstadt: Wissenschaftliche Buchgesellschaft.

Ustinov, Peter. 2003. *Achtung! Vorurteile*. Hamburg: Hoffmann & Campe.

Zschiesche, Arnd. 2007. *Ein Positives Vorurteil Deutschland gegenüber. Mercedes-Benz als Gestaltsystem. Ein markensoziologischer Beitrag zur Vorurteilsforschung*. Wien: LIT.

Zschiesche, Arnd, und Oliver Errichiello. 2009. *Erfolgsgeheimnis Ost. Survival-Strategien der besten Marken - und was Manager daraus lernen können*. Wiesbaden: Gabler.

Zschiesche, Arnd, und Oliver Errichiello. 2013. *Marke ohne Mythos. Das erste ehrliche Markenbuch oder warum so viele Menschen einen MINI brauchen*. Offenbach: GABAL.

© Springer Fachmedien Wiesbaden 2015   45
A. Zschiesche, O. Errichiello, *Markensoziologie kompakt – Basics für die Praxis*,
essentials, DOI 10.1007/978-3-658-10247-0

Zum Weiterlesen

Domizlaff, Hans. 2005. *Die Gewinnung des öffentlichen Vertrauens. Ein Lehrbuch der Markentechnik*. Hamburg: Marketing Journal.

Errichiello, Oliver. 2013. *Markensoziologische Werbung. Eine Analyse der ökonomischen Funktionen kultureller Resonanzfelder*. Wiesbaden: Springer Gabler.

Reeves, Rosser. 1969. *Werbung ohne Mythos*. Reinbek: Kindler.

Zschiesche, Arnd, und Oliver Errichiello. 2012. *30 Minuten Markenführung*. Offenbach: GABAL.

Zschiesche, Arnd, und Oliver Errichiello. 2014. *30 Minuten Werbung*. Offenbach: GABAL.

© Springer Fachmedien Wiesbaden 2015

A. Zschiesche, O. Errichiello, *Markensoziologie kompakt – Basics für die Praxis*,
essentials, DOI 10.1007/978-3-658-10247-0